非正常事件心理解析

李尚镪

—— 著 ——

民主与建设出版社

·北京·

图书在版编目（CIP）数据

非正常事件心理解析 / 李尚镔著. –– 北京：民主
与建设出版社, 2020.11

ISBN 978-7-5139-3301-8

Ⅰ.①非… Ⅱ.①李… Ⅲ.①心理学 Ⅳ.①B84

中国版本图书馆CIP数据核字（2020）第214451号

非正常事件心理解析

FEIZHENGCHANG SHIJIAN XINLI JIEXI

著　　者	李尚镔
责任编辑	李保华
封面设计	仙　境
出版发行	民主与建设出版社有限责任公司
电　　话	（010）59417747　59419778
社　　址	北京市海淀区西三环中路10号望海楼E座7层
邮　　编	100142
印　　刷	三河市金泰源印务有限公司
版　　次	2021年2月第1版
印　　次	2021年2月第1次印刷
开　　本	880毫米×1230毫米　1/32
印　　张	8
字　　数	172千字
书　　号	ISBN 978-7-5139-3301-8
定　　价	45.00元

注：如有印、装质量问题，请与出版社联系。

前　言

　　人们之所以领悟不到宇宙的秘密，是因为他们习惯于将自己桎梏在眼见为实的牢笼里，不允许自己尽情想象，大胆假设，从而掩盖了直觉的光芒。

　　在每天的生活中，人们通常认为他们了解自己的感受和动机，实际上并非如此。人们通常认为生活中的一切都是可控的，实际上也并非如此。我们经常会遇到一些不确定的事件。

　　大千世界，无奇不有。无论你是否承认，每个人都会遇到一些想象不到、不可思议的巧合和意外事件，让人百思不得其解。人生就像一场旅行，正是这些生活中的事件在不断地改变、调整着我们前进的方向，甚至决定了我们的人生。可是你对这些事的发生是否有过困惑，从而发出这样的疑问：我为什么会遇到这样的事情？或者，为什么这样的事情会落到我的身上？

　　自古以来，神秘的事物都能引发人类探究其根源的兴趣。对于未知领域，人类从来都是充满好奇而从未停下探索的脚步。在这些所有的未知里，对人类自身的探索，恐怕是其中最难也是最迷人的。一百多年前，弗洛伊德对潜意识的阐释，让人类对于精神领域的探索有了开拓性的进展，具有改变历史的意义。精神分析学告诉我们，尽管我们意识不到潜意识的存在，但它在冥冥之中左右着我们的人生命运。我们甚至连自己的心理活动都不能把握。我们被潜意识的心理过程，被欲望、恐惧、冲突以及幻想所支配、指挥着。

本书在前人研究成果的基础上，从一个新颖的角度来解析那些让人奇怪而又让人很难理解的意外事件。本书和生活联系紧密，覆盖面广，涉及日常生活的方方面面，和每个人的关系都非常密切，是让人读来感觉轻松有趣、奇妙，甚至略感惊艳的一本心理图书。

我们可以把意外分析当作心灵成长的一个新的途径。当你对自己隐秘的心理有所觉察的时候，那些原来可能发生的意外事件也许就会离你远去，或者发现自己过往所忽视的思维模式。看完这本书，你会发现你周围的世界好像和过去不一样了。你看待世界的方式，可能发生了巨大的改变。你可能会开始用另一种眼光来重新审视这个世界，重现审视自我。你还可能会重新思考人生的意义，从而使你的心从外部纷繁的世界回归到你的内在本真。

本书属于心理探索和心理普及性质的图书。作者从 2008 年开始研究这个领域，在继承前人研究成果的基础上做了大的创新，打破了传统心理学对人的思维限制，把西方心理学、现代物理学的全息理论和中国传统文化中的一些观点进行了有机的融合，具有较好的独创性和原创性。

目 录

第一部分　心理解析意外

珍惜今天，珍惜现在，谁知道明天和意外，哪一个先来。

——日本作家　野坂昭《萤火虫之墓》

　　我一直很喜欢文学作品。优秀的文学作品常常发人深思，给人以启迪。多年前，我在一本杂志上看到过一篇让我印象深刻的短篇小说。

　　我记得作者是个台湾人，小说字数不多，也就两千来字，还分为上下两部分。上半部的内容是：一个公司销售人员早上从睡梦中醒来，起床、刷牙，一通收拾和忙碌后，要赶去一座大厦和约好的客户见面。出门后，他一路上脚步匆匆。结果在那座大厦前的一个路口，他被一辆急速行驶的汽车撞倒身亡了。很多行人过来围观。下半部的内容是：一个公司销售人员早上从睡梦中醒来，起床、刷牙，一通收拾和忙碌后，要赶去一座大厦和客户见面。是的，你没看错，上下半部的前四分之三内容是完全一样的，但结尾略有不同。下半部的结尾是：在他走出家门，正要关门的一刹那，屋里的电话突然响了起来，他只好极其不耐烦地回屋接电话。"喂？你找谁？"他大声地问道。最后发现那个人打错电话了，于是他恶狠狠地把电话挂上，忍不住又骂了一句。然后他快速走出家门，一路上都是脚步匆匆。当他快要到达那座大厦的时候，突然听到"嘭"的一声响。他抬头一看，在他前面几十米的地方，一个老人被一辆急速行驶的汽车撞倒身亡了。很多行人立刻围拢了过去。他匆匆走过事故现场，透过人群的缝隙看了一眼那个躺在地上的老人，又抬起手腕看了一下手表，时间刚刚好。然后他快步走进那座大厦去和客户见面。

　　这篇小说是我在 20 世纪 80 年代末看到的。那时的中国，物质生活和精神生活都极其贫乏。像央视版《西游记》就是在 1986 年才开播的。

　　这个短篇小说用的是白描手法，客观而冷静。但就是这个结构简单又有些奇特的小说，时不时就会从我的记忆深处跳出来，让我一再回味。我想就是那种对生命无常的感慨，对命运无能为力的无奈吧！

问人生命运，谁主沉浮？

意外可以说是人生里最不可思议、最无法理解又难于预料的事情，人从母体中受孕的那一刻开始，各种各样的意外就如影随形，像怀孕时意外流产的就很多，临盆的时候出现意外情况的也不在少数。人长大后遇到的各种意外就更多了。一次摔倒可能让身体落下残疾，一次高考意外可以让多年寒窗苦读付之东流（每年高考都会发生很多意外：早上睡过头的、忘带准考证或身份证的、在路上发生交通事故的、跑错考场的、忘带眼镜的，等等），一次大的车祸可以让幸福的家庭妻离子散，一场大火可以让一个富裕的家庭坠入深渊。

2018年4月15日，广州市白云区鸦岗村的一栋楼下，一条大狗从天而降。一名路过的女子被砸中，瞬间倒地不省人事。大狗随后起身离开现场，不知所踪。女子送医后被诊断为高位截瘫。因为没有找到肇事者，无奈之下，女子把整栋楼的房东和租户告上了法庭。

这样的意外就像是命运和当事人开了一个残酷的玩笑。

为了防止意外的发生，人们想了很多办法规避风险。降落伞的发明就是为了驾驶员的应急求生，还有战斗机的弹射座椅也是为飞行员在紧急情况下逃生准备的。天然气本来没有味道，但为了安全，人们在里面加了一些刺鼻的气体，在泄漏时可以提醒到我们。为了防止电路失火，安装了保险丝可以熔断。这些都是提前对意外有所预防，从而让我们对安全增加一些掌控感。因为大家对意外怀有恐惧，所以保险公司就是利用人们对未来的焦虑、对安全感的渴望来赚钱。

一般来说，人们说发生了什么"意外"，多是指那些糟糕、倒霉、不幸的事件。实际上意外不单是指那些坏事、糟糕的事，"意外"这个词有两种解释：A. 料想不到，意料之外；B. 意料之外的不幸事件。那些出乎意料的、想不到的事都属于意外。比如有人突然得到一笔遗产或者意外之财，有人在古玩小摊上捡漏淘到真货，有人因为一张照片或者一段小视频意外在网络上走红等。一次意外可以让有心人发现商机，一次偶遇也可能让人遇到一个终身伴侣。

2005 年春晚，由 21 名聋哑演员表演的节目《千手观音》震撼了全国观众。该舞蹈美轮美奂，极具视觉冲击力。《千手观音》的领舞者邰丽华和老公的缘分就来自一次巧遇。老公名叫李春，两人初识于 1995 年底的一天。那天李春看见一个女孩提着大皮箱等在自家楼道里。这个女孩就是邰丽华，她在等住在李春家隔壁的一个朋友，但碰巧那人不在家。于是李春就邀请邰丽华到自己家里来等。当时李春还不会手语，两个人就用笔和纸聊了一下午。之后两人互生好感并开始了交往，最终牵手走入了婚姻的殿堂。

就是在凭实力论输赢的运动赛场或者奥运赛场上，也经常有人会令人不可思议地获胜。我国的李坚柔被称为最幸运的奥运冠军。她在 2014 年索契冬奥会上，进入了女子短道速滑 500 米决赛，和另外三名选手同场竞技。短道速滑因为用时很短，比赛在电光石火之间就结束了，所以一旦落后很难反超。在比赛开始后，李坚柔长时间处在最后一名的位置，基本没希望拿奖牌了。但是戏剧性的一幕发生了，她前面的三名选手居然接连摔倒在地……李坚柔成为了最后的冠军！

几年前，我在微信朋友圈上看到过一条很有趣的信息：她在北京生活。那天她路过一个咖啡书屋，进去休息。她随手拿起书架上一本书，发现这本书似曾相识。她想：这本书我原来买过的。于是，她越看越感觉面熟，翻到扉页竟意外地看到了自己的亲笔签名，居然是自己的那本书。她想起来，这本书七八年前送给了自己老家的一位朋友。现在她居然在千里之外的北京，一个完全意想不到的地方，与这本书重逢了。真正是"有缘千里来相会"呀。这让她惊喜万分，直呼不可思议！

国外也有类似案例，是跨国的，甚至还隔着大西洋。20世纪20年代，美国知名儿童文学作家安妮·帕里什（代表作：《飘浮岛》）在巴黎逛书店的时候，在书架上发现了自己童年时最喜欢的一部作品《杰克·弗罗斯特和其他故事》。让人不可思议的是这本书正是她小时候读过的那一本，书的扉页上还写着她的名字和住址！

这些事件的发生，缺少了其中任何一个因素都无法形成最终的结果。就像多米诺骨牌一样，缺少了其中任何一张，整个事件都无法成立。如果那位女士没有生活在北京，如果她不是走那条路，不是她正好累了想休息，不是她正巧走进那间咖啡书屋，不是她在书架上那么多书中正巧拿起了那本书，如果书上没有她的签名……有无数的可能性、那么多的偶然却偏偏都碰到了一起，当我们无法解释这种事的时候，只能感叹说是巧合！

贵阳的霍女士，在2016年8月1日在花溪河不小心把手机掉到了河里。没想到三年后的同一天，即2019年8月1日，她的手机竟然被一位蓝天救援队队长送还到了她的手里。这位蓝天救援队队长在做潜水训练时在河底发现了霍女士丢失的那个手机。因为手机装在了防水袋里，拿出来后竟然还能充电和正常使用。他通过手机里存的电话号码先找到了霍女士的朋友，最后找到了霍女士。

近期，一段堪称奇迹的视频在网络上广泛传播。事情发生在印度中央邦蒂格姆格尔地区。当一辆人力车夫在楼下经过时，突然一名男童从十米高的三楼落下，不偏不倚落到正在行驶的人力车的后座上。这惊心动魄的一幕被监控拍了下来，被网友称为"非常完美的一刻"，这简直是"奇迹"。家长迅速将孩子送往医院。经检查，孩子只是受到一些惊吓，身体毫发无损。

下面再列举几个巧合：

A. 小学的时候交学费，老师要求在钱上用铅笔写上自己的名字。后来有一天，她爸下楼买菜，回来给她看找零的一张 20 元钱，角上写着她的名字，字体非常稚嫩。

B. 他正和朋友打羽毛球，结果一只鸟正好飞过来，在空中把球给叼走了。

C. 订婚时老公送她一枚刻着他们名字第一个字母的戒指。去年他们去海南旅游住宾馆，临走时发现戒指丢了，四处没有找到。于是他们报警，结果还是没有找到。今年又去海南，他们还是住在去年那家宾馆的那个房间。他们看见房内有虫子，于是叫服务员来收拾房间，竟然发现了去年丢的那枚戒指，完好无损地嵌在墙缝里。

每个人都会或多或少地遇到一些奇奇怪怪、不可思议的意外事件。这些事件究竟是怎么回事？我们为什么会遇到它们？这些事件到底是怎么发生的？为什么这些极小概率的事会发生在某些人身上？就拿车祸来说，为什么一辆汽车出了事故，车里的人却会有不同的结果？有人遍体鳞伤，有人无法逃脱死亡的厄运，而有人仅是轻伤或者只擦破点儿皮，有人甚至毫发无损呢？这是许多人都一直在寻找的答案。

第一章　意外心理研究的历史

一、弗洛伊德的意外心理研究

　　生活中意外事件的发生，好像从不以我们的意志为转移，出乎意料而又防不胜防。说到对这些事件的心理研究，我们还得从弗洛伊德（1856–1939）说起。奥地利精神病医生、心理学家弗洛伊德在 20 世纪初创立了精神分析理论。在他的推动下，最终形成了一种全新的、极富创见的心理学说，并全面影响到哲学、社会、宗教、文化领域，形成了一个庞大的思想体系。弗洛伊德最杰出的贡献是提出了人类行为是由意识范围之外的因素所决定的。

　　1900 年弗洛伊德《梦的解析》一书出版，但反响平平。1904年《日常生活心理病理学》一书的出版让弗洛伊德声名鹊起。这是他流传最广的一本书，他可以说是世界上研究生活事件的鼻祖。在这部作品中，弗洛伊德用动力心理学观点解释了日常生活事件。他从分析人们日常生活中大量的、常见的专有名词的遗忘、遗失、口误、笔误、闪失行为等现象入手，挖掘了潜意识的过程对人行为的制约性，说明了潜意识的活动和对潜意识的压抑不仅存在于变态心理活动当中，而且广泛存在于正常人的心理活动当中。弗洛伊德由此提出了精神决定论的思想，认为人的任何看似偶然的行动都具有特定的动机和缘由，即内在的、深层的、潜意识的精神决定因素。换句话说就是因果论，无原因的结果是不存在的。弗洛伊德在书中做出的结论，现在已被人们广泛接受。这本书对于心理决定论来说是一个重大的贡献。

弗洛伊德在《自传》中说："给我印象深刻的，莫过于得知在人类的意识后面，还可能隐藏着另一种极为强而有力的心智过程。"他说的这种"极为强而有力的心智过程"正是指"潜意识"，潜意识这个词并不是弗洛伊德的首创。弗洛伊德的贡献在于，他极大地丰富了人类对潜意识的理解。弗洛伊德认为，一个人不能承受的情感、冲动和创伤等，很难被意识层面接纳，都会沉淀、压抑到他无法觉察的心灵的深处，即潜意识中。从意识和潜意识的规模大小来看，如果把人的意识比喻成一座冰山，那么意识只不过是冰山浮出水面的那小小的一部分，而潜意识则是水面之下极大的那一部分。他认为，人的言谈举止，只有少部分是意识控制的，其他大部分都是由潜意识在控制和主宰，而且是主动的运作，人却没有觉察到。

弗洛伊德的人格结构论：弗洛伊德认为人的心理分为超我（super-ego）、自我（ego）、本我（id）三部分。超我往往是由道德判断、价值观等组成。本我是人的各种欲望。自我介于超我和本我之间，协调本我和超我，既不能违反社会道德约束又不能太压抑。在通常情况下，本我、自我和超我是处于协调和平衡状态的，从而保证了人格的正常发展。如果三者失调乃至破坏，就会产生神经病，危及人格的发展。他认为，人的人格就像海面上的冰山一样。他认为，潜意识的心理虽然不为人们所觉察，但是支配着人的一生。无论是正常人的言行举止还是心理疾病患者的怪异症状，以及人类的科学、艺术、宗教和文化活动，都受潜意识的影响和支配。精神分析的主要研究对象是无意识现象，特别是潜意识现象，而不是意识现象。

弗洛伊德认为，当一个人的自我不够健全时，他的人格就会被潜意识控制，从而做出很多非理性、互相矛盾的事情。例如有些人总是走霉运，总是忘记重要的约会，常常发生意外事故，把该保密的事情说出去，更严重的，就可能会被诊断为精神官能症、精神病了。

有一次，一位年轻女人来找弗洛伊德。她有只手臂麻痹，无法做家务，很痛苦。弗洛伊德检查过她的手发现，神经、肌肉一切正常，既然生理没有问题，一定是心理出了问题。于是弗洛伊德对她进行了询问。原来她是独女，父亲丧偶又残废。在当时的社会风气下，她必须照顾父亲。然而，有人向她求婚，她无法答应，也无法解决她内心的冲突，最后只能断绝了来往。就在结束这段关系后，她的手臂开始麻痹了。

弗洛伊德认为，她陷在进退两难的局面。她希望有情感的归宿，但又必须照顾父亲。这两者无法并存，产生了冲突。然而她也厌恶照顾父亲。这种负面情绪是她无法接受的，只好把它压制下去。直到与那男人关系结束之后，这种因内心矛盾而造成的痛苦转换成手臂麻痹。这样一来，她干不了活，就有理由不照顾父亲了。

心理决定论原则是说：心理现象与我们的躯体现象一样，没有任何事情是偶然或者碰巧发生的。每一个心理事件的产生，都是一些先前的事件所决定的。我们生活中的事件看起来似乎是偶然的，好像和过去的事没有关系。其实不然。心理现象与躯体现象是相同的，心理现象同样不能缺乏与其先前事物的因果关系。

这个原则的理解和应用，对于探讨人类正常心理及病理心理方面，都从本质上提供了明确的方向。如果能够正确地理解和应用这个原则，我们就不会忽视任何心理现象，错把它们看作是没有意义或者偶然发生的事情。对于那些我们感兴趣的心理现象，我们要经常问自己：它是什么原因引起的？为什么会发生？我们之所以问自己这些问题，是因为我们相信确实存在答案。

生活事件的心理分析同样遵循心理决定论原则。生活中会发生很多如口误、笔误、遗忘等，或者出现一些事故。一般我们会将其归咎于偶然发生的，称之为意外。弗洛伊德第一个严肃而坚定地提出，即使本人没有意识到，失误与其有关的现象也是有个人目的、有意图的行为。换言之，这是潜意识的行为。

最容易理解的失误或过失是遗忘。这种失误往往是由于压抑而直接造成的。尽管每个人的遗忘动机不尽相同，其基本目的是一个——防止产生焦虑及罪恶感。"压抑"是指一种将所有的不愉快或难以面对的情绪转移到潜意识里，以便拥有"正常无痛苦的人生"的心灵运作模式。压抑是自我防御之一，记忆障碍或"失误"是防御机制作用的结果，因此压抑的动机及其实现，都是潜意识的。

有一个人在社交场合遇到了一个熟人，可就是想不起那个人的名字。他进行了联想。他说那个熟人跟他认识的另一个人同名，而他非常痛恨后者。此时，他流露出十分内疚的表情。他补充说，那个熟人是个跛子。这使他想起，自己曾经产生过伤害所痛恨的那个人的念头。由他联想到的事情，我们就可以解释，究竟是什么原因使他想到了另一个同名人。他恨那个人，并想把那个人弄成残废。为了避免由此产生的罪恶感，他将两个人的名字都压抑下去了。

一位女秘书嫉妒女雇主的一位同事。尽管这位同事的名字清清楚楚地印在她所使用的名单上，但她却惯常忘记邀请他参加会议。当询问她这是怎么回事时，她只是说她"忘记了"，或者说别人"打扰了她"，因而造成失误。她从未向他人承认过——甚至从未向自己承认过，造成她这种遗漏的真实原因。

一个同事告诉弗洛伊德，他很意外地将他的"盘克拉"铅笔丢失了。这支笔他已经用了两年，而且这只铅笔的质量很好。就在前一天，他收到一封姐夫寄来的信。这使他非常生气。因为信的最后有这么一句："我现在既没有兴趣，也没有时间去谈论你的无聊和懒惰。"这封信给他的情绪带来了很大影响。第二天他就将这支铅笔弄丢了。原来铅笔正是姐夫送给他的礼物。丢了铅笔后，他似乎感觉有点儿轻松了。

有一次，琼斯莫名其妙地将一封信放在桌子上好多天而没有发出。最后，他终于把这封信寄出了。但是这封信又从"死信办公室"退了回来，因为他忘了在信封上写地址。他马上写了地址，但是当他将这封信带到邮局时，他发现忘记贴邮票了。这时他才不得不重视这种抵制这封信的力量。

弗洛伊德认为，没有所谓失误，所有失误、口误都是潜意识的流露。

人们往往将导致口误或笔误的原因归咎于疲劳、不注意、慌忙、心情兴奋等情况。弗洛伊德认为，这些因素对失误的产生仅仅起到辅助的作用而已。对某些人来说，如果他们不是处于疲劳、不注意、慌忙之中，可能不至于发生失误。也就是说，这些情况使潜意识的过程更容易侵入意识所想说和想写的内容中，而造成失误。因此，主要是潜意识心理过程的作用。

弗洛伊德在书中所揭示的许多看似偶然、毫无意义的行为，以及许多简单地归结为"自由意志"的举动，实际上是人们没有意识到的隐秘而矛盾的愿望所驱使的。遗忘和失误并不是没有规律的生理原因，而是由于思想被压抑，潜意识在作祟，因为人们的每一个行为都是有目的的。

弗洛伊德在一百多年前研究了一些生活现象，并且从心理层面解读了其发生的原因。和以前相比，弗洛伊德对生活事件的解读已经是一个巨大的、飞跃性的进步。如文学家罗曼·罗兰就曾经盛赞弗洛伊德，说他带领我们进入了人类灵魂中未曾有人涉足过的领域。同时我们也应该看到，弗洛伊德的研究只是诸多意外现象中很小的一部分，即"过失、遗忘、口误、笔误"等。现在看来，他的研究还远远不够。许许多多的意外现象在弗洛伊德等心理学家那里，我们无法找到一种令人满意的答案。弗洛伊德自己也承认："总而言之，我们的概念只能用以解释日常生活的一部分过失。"

人类不能停止思考，也不会停止思考。时代在进步，我们要站在前人的肩膀上继续探索，研究更广泛的生活事件。本书中我把生活事件称为意外。

我一直在努力寻找一种可以解读各类意外的心理学理论。为了研究方便，我从主、客体的角度把意外事件进行了划分（主体和客体是一对概念，"主体"是意志和行为活动的拥有者、发出者，"客体"是行为活动的对象。主体与客体就是表示活动者和活动对象之间特定关系的哲学范畴）：第一种是主体性意外，即主体主动制造或者因为主体失误造成的，比如摔倒受伤、摔碎东西、丢失身份证、丢失火车票、高考忘带准考证、走错路、认错人、开车追尾、撞人等；第二种是客体性意外（客体指除了主体之外的一切外部对象，包括其他人、物、动物、植物等），即主体受到外界客体的影响或者伤害，主体完全是被动接受的，而且主体在行为上并没有失误或者过错。比如被偷被抢、正常走路被汽车撞倒、正常开车被别人追尾等。有些意外更是非人力所为。比如前面说到的女子被从天而降的狗砸倒、汽车轮胎漏气、爆胎、被困在电梯里等。

弗洛伊德所研究的"过失、遗忘、口误、笔误"等生活现象，就包含在主体性意外之中。但是，对客体性意外，他基本没有涉及。不光他没有涉及，之后的心理学家也没有人涉及。

这一百多年来世界发生了翻天覆地的变化，科学理论有了飞速发展，量子力学等理论刷新了我们对世界的看法。这让我们研究更广泛的意外事件有了更多的可能性。虽然意外的发生是如此的不可思议。

二、弗洛伊德的释梦理论

因为弗洛伊德的释梦理论在意外分析中非常重要，在这里简单介绍一下。

自古以来，人们一直试图解释梦的含义。直到今天，释梦依然能够引发人们的兴趣。从整个人类历史上看，无论东方还是西方的文化，对梦的理解都充满了神秘的色彩。随着对世界认识的不断发展，人们不再认为梦是来自上帝的神旨，而是认为梦是睡眠状态下内心生活的表现，是一种深层的心灵现象。

《梦的解析》一书被世人推崇为弗洛伊德最伟大的著作，释梦理论也被认为是弗洛伊德最大的成就。弗洛伊德认为，人类的活动和心理活动有着严格的因果关系，没有一件事是偶然的，梦也不例外。通过对梦的分析可以窥见人的内部心理，探究其潜意识中的欲望和冲突。梦是人类精神生活的延伸，是通向潜意识领域的一条秘密通道。梦的研究，不仅能了解一般情况下的潜意识心理过程和内容，而且能了解那些被压抑、被排斥于意识之外，在自我防御活动时才表现出来的心理过程和内容。

弗洛伊德释梦的基本思想是：所有的梦都是为了满足愿望，而这些愿望在平时是被压抑的。

很饿的人总是梦到食物，口渴的人会梦到喝水，醒来时有如厕需要的梦见小便或大便……这些我们都很容易理解。可是，所有的梦都是这样吗？弗洛伊德能够证明在每一个梦的背后都有活跃的潜意识思想和愿望。

一位30多岁的女教师，因受婆婆虐待得了焦虑症。一天，她做了一个有趣的梦。在梦中，天气闷热，一条脱毛的丑陋的老狗在院子里徘徊。她拿起棍子边追边打，狗惨叫着跑开了。但是当狗逃离篱笆门时回头望了她一眼。可怕的是，狗头居然变成了婆婆的脸，吓得她突然从梦中惊醒了。

由于受到婆婆的虐待，她想狠狠地揍婆婆一顿来泄愤。但是教师的身份和社会伦理道德不允许她这么做。同时，深深的自责感也困扰着她。在无意识里，被压抑的欲望通过梦的形式表现了出来。

弗洛伊德把梦分为"显梦"和"隐梦"。显梦，就是梦境本身，梦中看到的表象。不论睡眠者醒后能否回忆，均称为显梦，比如梦到被蛇咬、考试、空中飞翔、杀人等。显梦背后有隐藏的意义，隐梦是引起这个显梦的无意识根源。在实际应用中，我们提到"梦"这个词时往往指的是"显梦"。比如说"我做了一个什么样的梦"，此处的梦就是"显梦"。

隐梦的内容是梦真正意义之所在，它有四种根源：

1. 本能欲望。幼儿期的记忆或幻想会积极地参与到这里。

2. 身体的感觉注入。有体内刺激（如饥饿时做吃饭的梦）和体外刺激（如听见钟表响，梦中经历炮火的战场）。

3. 现实生活的愿望。

4. 白天发生的事情（日间残余）。

隐梦是无意识的愿望。那么，隐梦是如何变成显梦的呢？使隐梦变成显梦的潜意识心理过程，称为梦的工作。梦的工作里有多种防御机制在起作用，即：凝缩、移置、润饰、象征等。

凝缩：就是"数个人的特点合成一个人"，是一种混合的影像。在外貌上像甲，衣着上像乙，在职业上像丙，但你始终知道他的丁，四个人的不同属性，显著地出现在一个人的影像上。

移置：即梦的检查。指梦把重要的内容放在梦里不引人注意的情节上。

润饰：使梦前后连贯，富有逻辑。

象征：指用一个事物代表另一个事物。

由显梦回溯至潜在思想的过程，便是我们解析梦的工作。在释梦的过程中，弗洛伊德用得最多的方法就是自由联想。

弗洛伊德不仅发现了潜意识的存在及其心理学的意义，而且还提供了自由联想、梦的解析和移情与防御等精神分析的方法，这是他的伟大之处。

弗洛伊德的理论"梦是意愿的达成"虽然影响很大，但很多心理学家并不同意。心理学家荣格就认为：在潜意识里，心灵仿佛一个"活在我们心中的原始人"。他有自己独特的认知和表达方式。他不是要伪装，而是用梦来启发我们。梦是无意识心灵自发的和没有扭曲的产物……梦给我们展示的是未加修饰的自然的真理。象征不是为了伪装，而是为了更清楚地表达。梦的基本目的不是经过伪装满足欲望，而是恢复心理平衡，荣格称之为"梦的补偿"。

美国心理学家弗洛姆认为：任何心理活动的表现都会出现在梦里。他不同意弗洛伊德把梦仅仅说成是"愿望达成"。

虽然心理学家们对梦的观点不同，但有一点是不会引起争议的，就是梦是重要的和有心理意义的。

第二章　探索意外心理

一、现实与梦境

弗洛伊德认为心理问题产生的源头是潜意识，心理学家都认可意外是由潜意识造成的，但一直缺乏更深的认识和研究。

弗洛伊德的"梦学理论"是一整套系统的研究。他证明梦的心理学意义而且是可以解释的。他用科学的方式，发现了梦的心理运作规律，开启了对人类精神世界探索的新时代。

既然有释梦理论可以解读各种各样的梦境，那么有没有一种心理学理论，可以解读、分析世界上各种各样奇奇怪怪、出乎意料、匪夷所思的意外现象呢？有没有一种理论，可以总结出现实中意外发生的规律，科学地解读世界上所有的，至少是绝大部分的意外现象呢？

这是我长久以来一直思考的一个问题。

有一天夜里，我做了一个"梦中梦"（梦中梦也叫清醒梦、多层梦境、多重梦境，就是在做梦过程中，发觉自己在做梦，以为醒来了，结果还在梦中）。醒来后我就开始思考：人为什么会做梦？人做梦的意义是什么？梦和现实的关系又是什么？梦可以给我们的人生带来什么启示？

梦也有深浅、有层次，梦是可以向下延伸的。最表层的梦是混沌、混乱、逻辑不清的，醒了就忘记了。深一些的梦是我们做梦时清醒，事后忘记，经过努力又可以回忆起来的梦，心理分析多数都是这种梦。更深的梦就是做梦的过程非常清晰，完全是身临其境的感觉，甚至在清醒之后都心有余悸。因为梦中的感受太真实，细节历历在目，难以置信那仅仅是一场梦。最深、最奇特的一层梦恐怕就是被称为清醒梦的"梦中梦"了（心理学家朱建军说他做过"七层梦"，"七层梦"就是一连醒七次，才能从梦中真正清醒过来回到现实）。"梦中梦"虽然少见，但绝大多数人都有过"梦中梦"的体验。如果我们不再把梦向下延伸，而是把梦向上伸展呢？现在我们暂且把睡眠中做的梦称为"小梦"的话，那么把现实当成一个"梦"来看会怎样？把人生当成一个"大梦"来看会怎样？把家族历史、国家历史、人类历史，甚至整个宇宙看成一个更大的"大梦"来看会怎样？这样的话，我们的现实世界就变成了从"小梦"到"梦"再到"大梦"这个链条上的其中一环，就像"梦中梦"一样，只是每个环上的法则、规律不同，像地球上的食物链、生物链一样，环环相扣，生生不息。因为从来没有哪个独立的个体能凌驾于系统之外，每个个体都是身处在大大小小的系统链条之中。

电影《盗梦空间》的剧情游走于梦境与现实之间，把观众带入到潜意识的迷宫。构成整个影片情节基础的设定是"梦分为多层"，即所谓"梦中继续做梦"。而贯穿整部电影的巨大悬念则是：如何区分梦与现实？电影中是以旋转的陀螺是否倒下，作为判断梦与现实的依据。你，又是如何判断我们究竟是在梦中还是现实中呢？或者有没有在人生的某一时刻觉得我们认为的现实也是一个幻觉？只是比梦更逼真的一个梦？或者我们一直生活在一个叫作"现实"的梦中而不自知……

　　在现实中，当我们面临强烈刺激、经历一些重大事件时，就会有做梦的感觉。当我们年岁渐长回首往事时，也会有如在梦中的恍惚感。现实和梦确实有诸多相似之处。在梦里，我们很难意识到是在做梦。因为一切都栩栩如生，太真实了，和我们醒着时所具备的任何经验一样真实。在梦中没有什么"好像"，梦是如此真实的经验。梦使我们脱离现实，抹掉我们对现实的正常记忆，使我们置身于另一世界，过一种与现实生活完全不同的生活。

　　梦中的世界是主观的，由人的潜意识所构建。梦是以视觉画面来叙事的，并辅以声音、躯体感受以及情感体验，都是由动感的图像和场景组成，再编辑制作成故事形成梦境。梦境和现实的重要区别是：在梦中，人可以上天入地、穿越墙壁、人物可以随心所欲地变化、时空可以转换、死人可以复活。因此，梦在很多情况下是不合理、不合逻辑，甚至是荒唐、荒谬的。而现实则是受大自然的规律所支配，这些规律被物理学家总结成各种定律和理论：如牛顿力学、光的反射定律、阿基米德定律、能量守恒定律、相对论等。

　　梦境像现实一样真实，而现实有时却像梦境一样虚幻。多少诗人、哲人发出过"人生如梦"的感慨！在"黄粱一梦"的故事中，唐代读书人卢生在店主人蒸黄米饭时睡了一会儿，经历了娶妻生子，中进士做宰相享尽荣华富贵，体验了人间悲欢离合，八十岁久病不治，在死亡的那一刻，他一下惊醒过来并猛然坐起，发现店主人蒸的黄米饭还没有熟呢！印度人认为梦和现实没有本质的区别，都不是真实的。梦是虚幻，现实也同样虚幻，在印度神话中世界只是大神梵天的一个梦，一旦梵天的梦醒了，一切都会消失。《金刚经》里也说："一切有为法，如梦幻泡影，如露亦如电，应作如是观。"印度神话和佛家的这种说法和"梦中梦"颇为相似。

正因为梦和现实有如此高度的相似性，那么用已经很完备、系统的"释梦"理论去解读现实中的意外是否可行呢？弗洛伊德的《日常生活心理病理学》一书给我们提供了用心理动力学观点解读日常生活事件的依据，说明现实的意外并不是偶然发生，而是可以进行心理分析的。弗洛伊德的《梦的解析》是对梦的分析，而梦和现实又非常相像，所以我把这两者做了一个结合，就是把释梦的理论和思维延伸到现实层面，去分析现实中发生的意外。事实证明这是可行的。我在实践中又融合了现代物理学的"全息论"和中国传统哲学中的理论以及中医方面的思想。

我的理论主要来源于五个方面：

1. 心理学

弗洛伊德的《梦的解析》奠定了对梦的研究基础。他不仅探讨了梦的象征所代表的含义，也探讨了梦的形成机制和工作原理，让我们了解到了潜意识的奇妙。本书中引用的释梦理论也包括从弗洛伊德那里继承、发展而来的理论，比如荣格、阿德勒、弗洛姆、皮尔斯等人的理论。

除了精神分析理论以外，书中还涉及荣格分析心理学、家庭治疗、完型、客体关系、超个人心理学等心理学理论。

2. 中国古文化、中医学

中国古代文明深邃浩瀚，是我们取之不尽的源泉。其中"取像比类"的思维方式，是中国古人认识事物的一种基本思路和方法。中国古人重视象，天有气象、天象，地有地象，人有人象。"象"就是"像"，两个字通用。中国文化讲究"观物取象"和

"象以尽意"，这使得中国易、儒、道、禅、医都主要是"象思维"的产物，"象思维"是中国文化和哲学之魂魄。

什么是取像比类？就是在研究万事万物的相互联系作用时，从研究对象（一组事物）取出自身状态、运动变化的性质"象"，然后"比类"，将万事万物按照自身性质分别归属到原来取出的性质所在的项目，来研究它们的相互作用。

中医认为，人体小宇宙是自然大宇宙的缩影，人体局部是整体的缩影。中医看待人体是大系统里有若干小系统，都是相互联系、相互影响、相互作用的。"取像比类"在中医学中运用广泛。《黄帝内经》里著名的论述"中医十二官"，就把人体五脏六腑十二个器官从功能上类比成一个国家，运用的就是典型的"取像比类"思维。

3. 道家、儒家的"天人合一"思想

天人合一，是中国人最基本的思维方式，主要有道家、儒家的观点，最早由庄子阐述，后被董仲舒发展为哲学思想体系，构建了中华传统文化的主体。具体表现在天与人的关系上。它认为人与天不是处在一种主体与对象的关系，而是处在一种部分与整体、扭曲与原貌或为学之初与最高境界的关系中。"天人合一"强调人与世界息息相通，融为一体，而无主客之分。

4. 辩证唯物主义哲学

辩证唯物主义哲学中的很多原理，如"世界是普遍联系的"原理、唯物辩证法以及内外因关系原理都在意外事件研究中有所体现。

5. 宇宙全息论

全息思想由来已久，"宇宙全息论"这一概念是由当代著名量子物理学家戴维·玻姆（David Joseph Bohm）在《整体性与隐缠序——卷展中的宇宙与意识》一书中提及，由诺贝尔奖得主，荷兰乌德勒支大学的 G.霍夫特于 1993 年正式提出，并得到了雷纳德·萨斯金的进一步阐述。

宇宙全息论的基本原理就是：从潜显信息总和上来看，任何一部分都包含着整体的全部信息。戴维·玻姆以著名的克隆羊多利当作例子。生物学家利用羊身体内的一个细胞，就能完美地克隆出一只羊。这说明羊身体内小到不能小的一个细胞中都蕴含了整只羊的全部信息。任一部分都包含着整体的全部信息，这就是宇宙全息论的理论基础。通俗地说，一切事物都具有时空四维全息性；同一个体的部分与整体之间、同一层次的事物之间、不同层次与系统中的事物之间、事物的开端与结果、事情发展的大过程与小过程、时间与空间，都存在着相互全息的对应关系；每一部分都包含着其他部分，同时它又被包含在其他部分之中；物质普遍具有记忆性，事物总是按照自己记忆中存在的模式来复制新事物；全息是有差别的全息。

从庞大的宇宙天体到显微镜下才能看到的微尘，都是息息相关、相互贯通的，你中有我，我中有你。从宏观的角度讲，能量充满宇宙的一切时空，所以，宇宙是一个有机的整体。

全息理论为我们引出了一个新的视角。世界的每一个局部似乎都是包含了整个世界，微观和宏观有很大的相似之处。在这个宇宙之下，每一个物体，哪怕是一个小小的电子，都包含了整个宇宙的信息。

宇宙全息论既是一种物理学说，又是一种宇宙学说，还是一种哲学观点。

二、意外是"现实的梦"

我把意外事件称为"现实的梦"或"醒着的梦"。

有些意外确实和弗洛伊德说的梦一样，是意愿的达成，这在迟到、生病、受伤以及物品损坏等意外事件中比较常见。

有个女生说，她一段时间内连续崴脚好几次。我让她回忆的时候，她发现它们都是在上一个连续的培训课程时发生的，她不光崴脚而且还总是迟到。她强调说，自己在生活中是个很少迟到的人。我问她，那是个什么样的培训课，她需要做什么。她说是一个心理课程。课程开始后，她们得选出来几个人做示范，需要做内心的自我暴露。旁边还有人观摩学习。这让她压力很大。在我们交流之前，她并没有意识到：迟到加上崴脚，她就不用站出来，从而可以躲避"当众自我暴露"了。

当一个人无法面对一些压力的时候，身体就会制造出一些疾病或者意外伤害来逃避压力。即使一些事情做不好，也有了正当的借口。因为我病了，所以考试没发挥好；因为我崴脚了，所以无法准时到达；因为我的手受伤了，所以我的工作没法做了……诸如此类，这样才会有一个让自己心安的理由。有个案例就是这样的：一个十岁的男孩得了一种怪病，就是在每天早上七点的时候，他就会准时发烧，身体有很明显的热烫，用温度计一量，真的是发烧了。当妈妈向老师请完病假后，男孩也不用吃药，一会儿烧就退了。去医院检查，男孩什么问题也没发现，但就是久治不愈。如果从心理角度分析，这个事情就再清楚不过了。这个孩子每次在上课前发烧，明显他的内心是在逃避上学。可能是他不喜欢老师、怕考试、被同学欺凌，又不想告诉父母和老师。因为说了，父母、老师也帮不上忙，还可能被他们教训一顿。这时上学前他的身体就"适时"地发起烧来。于是妈妈着急了，量体温，跟老师请假。当这一系列的动作完成以后，这个孩子不想上学的目的已经达到，发烧就没有意义了。所以早上八点以后烧就退了，孩子就像没事一样，跑出去玩了。孩子并不是故意欺骗家长和老师。因为谁也没有办法想发烧就发烧，而且还是准时的发烧。这就是来自潜意识的力量。得病或者出了意外，在很多情况下可以让我们获益，有时候还获益良多。你病了或者出意外了，考试可以不用去了，工作有人替你做了，不想办的事也可以不办了，你就可以暂时地缓解压力，不用面对烦心的事情。所以对学生而言，寒暑假结束、刚开学的时候，很多孩子容易生病的心理原因就是这个。

有一个女孩连续三次高考未考上。在第四年复读时，她感到非常疲倦。有一天，她骑自行车摔了一下，就突然失明了。到医院检查，查不出任何病，但就是看不见东西。这样过了几个月，在7月7日，也就是高考的那一天，她的眼睛开始能够看到一点儿光亮。到了7月9日，高考结束的那一天，她的眼睛竟然不治而愈了。这就是潜意识心理活动的结果。女孩的意识中很想继续高考，但是潜意识却不愿参加高考。于是潜意识就通过一次意外，截断了视觉通路，让她看不见东西，考不了试，直到高考结束，才让她恢复视力。因为此时来自外面的考试压力没有了。

湖北武汉的梁女士发现6岁的女儿忽然视力下降得很厉害，有时候走楼梯都会跌倒。到医院检查，孩子视力仅为0.15。医生经过进一步测试，发现孩子眼睛正常，并没有受损害，问题出在心理上。原来梁女士生下二胎后，大女儿便觉得自己受到了冷落，于是便出现了"癔症性眼盲"。

一个家庭主妇对经常加班、外出应酬的丈夫有很大的怨气。

每当愤怒出现的时候，她就压抑自己的情绪，安慰自己说："老公这样做，是为了这个家，你得理解。"可是她在生活中经常莫名其妙地犯错，如忘记给丈夫做饭，忘记给丈夫洗衣服等。

Amy 是一家外企的高管。一天她上午开车的时候，车出了点儿小问题。Amy 的风格向来是雷厉风行，所以她想立即去修车。但她的一个外国同事说，这点儿小问题不值得单独修一次。你不妨再出一次车祸再去修。下午公司开会，Amy 在停车场一时走神，结果她的车狠狠地撞在另一辆车上。虽然人没事，但必须去修车了。事故发生后，Amy 隐约明白，这次事故是她内心追求的结果：她似乎想用出车祸这件事情，满足她立即修车的愿望。

台湾作家张德芬接触心理学是从内观（印度一种最古老的禅修方法）开始的。第一次内观的体验非常好，所以她很快去了第二次。然而，第二次内观时，她第一天就陷入了极度的痛苦中。于是她发誓说，一定要离开。内观的场所不得随便离开，这是做内观的人和内观场所管理者签订的一个协议。那么，怎么才能实现离开的心愿呢？张德芬说，第二天她肚子疼得不得了，不得不去医院。而且检查时医生说，如果再晚一点儿送到，她的肠胃可能会穿孔，那就会导致非常可怕的结果。对此，张德芬的解释是，她有了"我要离开"的愿望，但这个愿望通过正常的途径不能实现。所以，为了实现这个愿望，她的潜意识驱使身体陷入了非常危险的境况中。

一位女生在参加完我的工作坊后分享说：她上初中时经常发烧，只要她爸来接她回家，一到家就好。她原来一直不知道是怎么回事，听完课才发现病因在自己这里。"可能不是我发烧了所以想回家，而是我想回家然后就发烧了……"她认真地说。这样的觉察对她本人来说可以说是一个重要的发现。

　　我有一个表姐坐车晕车，所以她从不敢出门旅游。别人都去旅游，她心里也很羡慕。有一次大家鼓动她一起出去玩，她把心一横也报了名。结果在出发的前一天晚上，她在小区里遛弯儿，不小心摔倒把右膝盖摔伤了，摔得还挺重。新买的裤子也摔破了。这次外出旅游也顺理成章地泡汤了。

　　一位老妈妈有三个女儿。女儿不是在外地工作嫁到外地，就是在国外学习。她不想去女儿家住，说不习惯，所以一直在老家独居。春节时，女儿们都回家陪妈妈过年。一家人团聚，老妈妈非常高兴。住了几天后，女儿们都要走了。老妈妈嘴上让她们走，说不要耽误工作和学习，心里却很舍不得，想让她们多陪陪自己。就在女儿们要走的前一天，老妈妈不小心摔倒，把腿摔骨折了。

　　有些意外确实是愿望的满足，原因是正常的渠道走不通，潜意识才会采用制造意外这个权宜之计，把矛盾暂时"缓解"或者暂时满足了心理需求，而问题并没有得到根本解决。我表姐摔伤了腿，大伙儿不会怪她拖了大家后腿，还都去安慰她。而她呢，也不用担心自己晕车了。因为不用去了，最后还可以借此安慰自己：不是我不想出去旅游，是因为我真的受伤了。

　　很多意外把我们用常规方式很难解决的事情，通过这种特殊的方式给解决了。比如那个老妈妈，女儿们回家看她，陪她过年，老妈妈没有理由不让她们走，可内心又真舍不得分开。这时意外"恰到好处"地发生了，老妈妈不小心摔倒骨折了，女儿们这时就必须得留下照顾她。没办法也得想办法，哪怕是工作上请假或者延迟出国。你看，老妈妈并没有强留女儿陪自己（强留这个办法太自私，不符合主观意愿），但是现在女儿自愿留下来照顾她。这个结果，可以说是达到了老妈妈潜意识中不想让女儿走、让女儿陪伴自己的目的。我们还可以更深一步地猜测，也许女儿好不容易才回趟家，也想多陪一陪妈妈，但客观条件不允许。这下好了，老妈妈受伤住院了，有了正当而且充足的理由请假不走了，可以好好地陪一陪妈妈了。如果是这种情况，就是两方面达成了共谋。

虽然意外可以缓解一些问题，但终究不是彻底解决，长期看还有可能让事态恶化。那个早上准时发烧的男孩，假设他不上学的原因是校园霸凌，他因害怕不敢去学校，这种发烧（潜意识的帮助）表面上看逃避了被欺负，但问题依然没有解决。同时还增加了更多的问题，陷入更大的困境。比如因为不上学，男孩的学业被耽误了。最后可能因为不能光明正大地面对问题、解决问题，长时间下去，整个人格会遭到扭曲，出现心理障碍。

所以，从根本上讲，通过疾病或是意外的方式来解决问题，是对问题的逃避，是一种无能为力、迫不得已、畸形的方式。同时，疾病或是意外也给当事人带来了诸多"好处"。这种"好处"恰恰可能是制造疾病和意外事件的心理来源。

下面是几个案例，都是对愿望满足的意外：

A. 在2020年冠状病毒肆虐期间，一位女士食物中毒了，要我帮她分析一下。晚上做饭，她想做个比萨。可能烤的面没有发起来，还有就是牛肉可能有点儿过期。她当时还想，这牛肉可能坏了，尝了一口赶紧吐了。果然，晚上吃完饭后她就腹泻病倒了，孩子也有些不舒服。奇怪的是她老公就没事。最后她又补充了一句：孩子目前停课，我在家带孩子，连续几个月太累了。现在我终于可以不管他们，好好歇一歇了。这就是她食物中毒的心理原因。她太累，太想休息了，又没有什么解决的办法。潜意识只能制造一次意外，让她强制生病，好让自己喘口气。她承认自己确实是太想休息了。

食物中毒：本来给人提供营养、能量的食物却侵蚀了人的身体，代表什么事情变坏了，让人受到毒害。

消化系统是人体的一大器官系统，消化功能是人体的一大功能。如果不是食物匮乏，那么，在现代社会消化系统的问题多是由心理问题造成的，对应的是"什么事情消化不了"的心理。这个案例有意思之处是：一家三口吃的是一样的食物，结果她病了，可是她老公却没事。从心理角度解释就是：她已经连续几个月带孩子，辅导孩子的学习和照顾家庭让她疲惫不堪，终于感到"消化不了"了，而她老公并没有这种"消化不了"的心理。

B. 一位高中生不小心把手机摔坏了。我让他仔细回想一下最近的事情。原来他嫌自己的手机速度慢，样式也太老了，一直想换一个配置更高、更好看的手机，但又不好意思向父母张口要钱。这下手机无意中摔坏了，可以有一个名正言顺的理由换个新手机了。

C. 一位女士接到电话要她去开会。正巧有位朋友来找她，非得送她去会场，并且不容分说地把她的手提箱抢过来放到了自己的车上。可是她心中突然出现一种想法，就是不想让那位朋友送自己。她也不知道这是为什么。可是朋友太热情，她最终盛情难却，两人一同去坐电梯。电梯门打开后，她的手机不小心从手中滑出，正好从电梯井口的缝隙掉到楼下去了。那可是在七层！她们赶快下楼去找物业来解决。然后她把自己的手提箱从朋友的车上搬下来，告诉朋友说自己不去开会了，所以不用她送了。那个掉下电梯井的手机，表皮被摔得稀烂，经过检测却发现机芯一点事儿也没有。她只花了不多的钱就把手机修好了。

D. 2019 年刚过完春节不久，一位女生和我联系，说她的手机前几天丢了。那天晚上她跟爸妈、她老公一起出去吃饭。因为去的地方很繁华，他们没有开车，而是打车去的。等下车到了吃饭的地方，她发现自己的手机没有了。她爸妈说，看到她在车上用手机来着，但是她一点儿也不记得。她想了一下，信誓旦旦地说，手机肯定是忘到家里了。吃完饭回到家，她才发现手机是真丢了。第二天他们回到北京（手机是在老家丢的）。她收到自己手机（丢失的手机有定位功能）的开机通知和开机位置。开机位置显示是一家通信公司的门店。原来拾到她手机的人去卖手机。知道地址后，她让老家的一位朋友去那个店里找，没找到。朋友又咨询了一位警察，问能不能帮忙找回手机。警察也说没办法。后来另一位朋友说，他认识那家门店的人。结果他去询问，店里的人不承认这件事。手机就这么丢了。我说："手机代表沟通。当时，你们一家一起出门，可能和家人有关。是不是你和家人的沟通发生问题了？"她说："我们家人之间的沟通都挺顺畅的，没有问题。我想到了另外一件事。去年'双十一'，我给老公换了一个挺不错的新手机，而且，我也很喜欢那款手机。老公说，给我也换一个。但是我的手机用着挺好，什么问题也没有，我就没让他买。我心里默默地想：我就不换手机了，除非丢了……然后过了年，手机就真的丢了。"我听了她的讲述，突然想到一个问题，问她是哪天丢的。她说是2月13日。"哈哈！"我大笑，"我想我知道原因了！'双十一'时，你老公想给你买新手机，但是因为你的手机好好的，你没有要。其实你心里是想要的。情人节快到了，你还想着那款新手机。所以你的潜意识就在情人节前一天制造出一个意外来，把旧手机弄丢了。这下你老公必须得送你新手机了！"

"你这么一说，我明白了。我老公也是这么说。他说，正好给你买个新手机，都不用费劲儿想礼物了。"她说。

最后，我感叹道："制造意外还得挑选日子，你的潜意识真牛啊！"

吃饭：代表物质需求，也代表精神需求。

警察：代表良心、道德规范和社会准则，是人格结构中的超我。

她和老公都在北京打工，结婚时间也不长。"双十一"时老公要给她买她喜欢的新手机。她说，自己的手机还好好的，没有要，其实是没有一个正当的理由。因为她已经结婚了，新手机又价格不菲，按照传统家庭观念，新媳妇应该勤俭持家。三个月后的情人节，这是老公送她礼物的好时机。可是她的手机既没坏也没丢。在这种情况下，老公是想不到送她新手机的。所以说，在情人节前一天这个特殊的日子丢了手机，是她的潜意识刻意地制造出来的一次意外，而且是在大庭广众之下制造出来的（就是让大家一起见证，她的手机是真的丢了，怎么也找不回来了，老公才给她买了新手机。这可不是乱花钱），只有这样，那个新手机她才会用得心安理得。

她曾经默默地对自己说："我不换手机了，除非丢了。"结果心想事成，手机真丢了，这就是无意识的力量。我们经过分析才知道，虽然她想尽办法想把手机找回来，但她的这些努力都是徒劳的。意识层面再努力也抵不过潜意识里的动机，本我的欲望突破了超我的约束（代表超我的警察虽然帮忙了，但没有起到什么作用）。让旧手机合情合理地丢失，从而让老公送那款新手机给她，这才是她潜意识的真正目的。

对于深度心理治疗来说，所有的"症状"背后，都是某种心结或者阴影。荣格曾说：深度心理治疗的关键，是要与无意识达成某种协议。不管是意外还是前面提到的癔症案例，虽然形式不同，但发生的原理相似，压抑是其最基本的心理过程和防御方式。

在很多的意外中，都含有故意的成分，看似合情合理的迟到、拖延、遗忘、把事情搞砸，甚至很多疾病（也包括癌症和意外死亡），往往都是潜意识的蓄意谋划。

美国历史上最著名的舞蹈家邓肯一生争议颇多。她的离奇死亡，也让人们无限唏嘘。她坐在朋友的跑车里和朋友兜风时，她围的那条宽大的红色围巾一头飘到车外，滑进了车轮中。车一开动，围巾缠住车轮，围巾的另一头勒断了这名天才舞蹈家的脖子。

可是如果你知道她都经历了什么，那你对这个意外可能就不奇怪了。她晚年酗酒，痛失爱子爱女。多个国家不给她办签证。过去的多年好友、亲人对她敬而远之。她生活上穷困潦倒，家徒四壁。有人去她的工作室去找她，发现她所有的行李只是一个手提袋，身上仅有五法郎。

她的每一段爱情都很精彩，但是很不幸，每次都以悲剧结束。令她倾心的男人一个个离她而去。她疯狂地爱上了小她17岁的俄国天才诗人叶赛宁。很可惜，不久叶赛宁就爱上了另一个女孩。叶赛宁的最终命运是：在邓肯意外去世的前一年上吊自杀。

在《邓肯传》中这样描写邓肯的最后时刻：

一进家门，奥托伊斯儿子那双明亮的、泛着微笑的蓝眼睛，像一把利刃刺痛了邓肯脆弱的神经。她惨叫一声，冲出屋外，身体抖动得像狂风中飘荡的花瓣。

邓肯一整天没有出过自己的房间。玛丽守在窗外，令人心碎的抽泣声一直没有断过。

第二天清早，邓肯对玛丽说："玛丽，如果你对我有一点点爱怜之心，请你替我找一条出路，离开这个可恶的世界吧！我一天也不想多活了。这14年来天天忍受着可怕的痛苦。任何事情都减轻不了这种痛苦。在一个蓝眼金发的漂亮孩子随处可见的世上，我不能活下去了，我不能！"

晚上，法尔凯托来接邓肯了。一看见法尔凯托，邓肯的心情好转了许多，仿佛从来没经历过不愉快似的。她饭还没吃完，就将一条又长又大的、红色的中国绉纱围巾草率地围在脖子上……就快步向汽车走去。当她正要弯腰进去时，又回转身来，对着玛丽喊道："再见，朋友，我走向光荣去啦！"

这是邓肯自人世间讲的最后一句话。一分钟后，她的围巾在汽车启动时不慎从左肩滑入车轮。汽车猛然加速，又戛然而止，悲剧发生了。

我们有理由相信，邓肯的死亡不是什么偶然的意外，看似离奇，也让人叹息。当我们知道了她当时的处境和她内心经受过的巨大痛苦的时候，就可以理解邓肯了。这次意外死亡是她意愿的达成。她已经准备好离去了。

三、意外的运作

弗洛伊德把梦分为"显梦"和"隐梦"。显梦是梦境本身，显梦背后的内容叫隐梦。"显梦"和"隐梦"之间的关系，其实就是意识和潜意识的关系，"显梦"对应的是意识，"隐梦"对应的是潜意识，这样两者的关系就清楚了。意识和潜意识是一种对应关系，"显梦"和"隐梦"也是一种对应的关系。梦的隐意必须通过"显梦"来表达,"隐梦"是梦的发动者。释梦要做的,就是通过"显梦"的诸多线索,来找寻潜意识要表达的隐藏含义——"隐梦"。

现实和梦很像,我的意外分析就参考释梦,把意外分为"显事件"和"隐事件"。"显事件"就是我们平时生活中遇到的意外,比如丢东西、摔跟头、汽车追尾等。"隐事件"就是我们寻找的背后事件或心理原因。意外中的"显事件"和"隐事件"的关系,和梦的"显梦"和"隐梦"一样,也是意识和潜意识的关系,"显事件"对应意识,"隐事件"对应潜意识。

释梦和意外心理分析的比较:

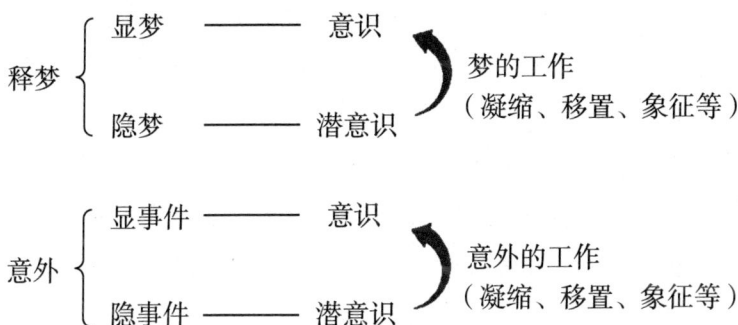

释梦 { 显梦 —— 意识 ⟩ 梦的工作
隐梦 —— 潜意识 ⟩ (凝缩、移置、象征等)

意外 { 显事件 —— 意识 ⟩ 意外的工作
隐事件 —— 潜意识 ⟩ (凝缩、移置、象征等)

一位女士在微信朋友圈发了好几个大哭的表情,说自己手机里所存的图片全部丢失,好几年的各种自拍、各种合影、旅游留影等全没了。她完全不知道是怎么回事,也不知道有什么办法可以恢复。

我看到后就和她联系。她说就是感觉手机运行慢了,就清除了一下手机的垃圾,然后删除了一些不常用的程序。结果不知道操作了什么,在手机里存储的所有图片就都不见了。最后她表示当时的心情很不好。

我问她心情为什么不好。她说自己刚刚失恋了。

她和男友谈了好几年恋爱，感情一直还可以。她也很欣赏他。之所以没有结婚，就是感觉两人之间虽然有很多相互吸引的地方，但是在有些关键问题上两个人好像不在一个频道上，达不到灵魂伴侣那种默契！恋爱期间分分合合好几次了，但以前分开一段时间后他们就会找机会又在一起。可是时间长了，他们又开始有矛盾。他们这次吵架是最凶的一次，都没给对方留有余地。这次算是彻底地分开了。

我问她喜欢、欣赏男友什么呢？

她思考了一下说："他特别有艺术才华，可能这是我所缺少而且一直向往的吧。他是一个摄影师。让我惊奇的是，在我眼里非常普通的场景，他都可以拍出非常漂亮、有感觉的作品。这让我非常艳美不已！他给我拍了很多照片，我都非常喜欢。这些照片都存在我的手机里。应该说，那是份美好的回忆。"

"那现在一切就清楚了。你认为你们这次是彻底分手，那些象征着你们往昔美好回忆的照片，也随着你的一次误操作而彻底丢失了。"

在释梦中，"显梦"中出现的人与事，和"隐梦"中的人与事通常不是同一个人、不是同一件事。比如在梦中出现的是老师，梦的隐意代替的人可能是你现在的领导。梦中出现的场景是你在参加考试，梦的隐意表示你正面临一些考验。意外也是如此，"显事件"和"隐事件"通常指的并不是一件事。

上述这个案例的"显事件"是把手机里的照片误删除了，"隐事件"是她和男友彻底分手了。于是曾经甜蜜的相伴变成了痛苦的回忆。她手机里丢失的照片不是普通的照片，而是带着美好回忆的照片。当这些意义不存在的时候，这些照片也就不需要再保存，于是离奇的失误就出现了。

从心理角度讲，没有失误这回事，这只是潜意识的正常操作而已。

心理学家曾奇峰讲过一个案例：

有一个女研究生，她29岁时去应聘一个银行的高级主管，第一次应聘因闹钟没响（也可能是没听见闹钟响）而错过了面试。这在以前是从未发生过的。第二次去的路上又出了个小车祸，让她无缘应聘。活见鬼般的感觉极大地震惊了她。因为这一切是完全不可思议的。事后她向咨询师咨询。

咨询师分析后，发现女孩的妈妈一辈子只是银行的一个普通职员。可女孩二十几岁就成为了银行主管。

在潜意识里，她认为，比妈妈优秀是对妈妈的背叛与攻击。这令她的内心滋生了强烈的内疚。于是潜意识出来帮忙，让她听不到闹钟，出了车祸，从而错过面试。

很多人发生失误只是认为自己倒霉、命运不济，根本不知道是潜意识在操控着我们的人生。如果她的心理不做疗愈，继续应聘这样的职位也很难获得成功。这里的"隐事件"并不是一个具体事件，而是一个隐秘的情结。

一位女士联系我说，今天快递送错了。快递员把她的快递送到别人家里了。她让我帮着分析。

她上午在家接到快递员的电话，说她的快递到了。因为当时她正忙着，就告诉快递员把东西放在门口，她马上就出去拿。几分钟后她忙完出门一看，门口没有任何东西。她赶快跟刚才的快递员联系。她沟通半天才发现，那个快递员走错小区了，把她的快递放在了另外一个小区的同门牌号的大门口。而且，这两个小区的名字确实很像，两个小区距离也不远。

我问她快递的是什么东西。

她说快过年了，是一位朋友送给她的礼物。她接着说，她和那个朋友实际上并不是太熟。但那个朋友挺佩服她的专业能力，就给她介绍过好几个客户。她一直也没有表示感谢。她说也不知道怎么感谢。前几天那位朋友给她打电话，说要给她送新年礼物。她觉得有点儿不好意思，内心里并不想要。因为她感觉自己没有给对方提供什么帮助，对方却对她这么热情。而且她做人的原则是"无功不受禄"。

"这就是了，你心里不想要这礼物。因为你觉得没有帮过那个朋友什么忙，于是快递员好像在配合你这个想法一样，就阴错阳差地把这礼物送到别人家去了。"我说。

意外的发生从来就不是无缘无故的，都是有迹可循的。我们是通过外在的"痕迹"，找寻我们内在的问题。这个案例的"显事件"是快递员走错小区、送错了快递，"隐事件"是她内心并不想接受那位朋友送的礼物，觉得"受之有愧"。

一个朋友对我说了发生在他们公司大门口的一件事。老板欠一个客户的钱，客户几次来要账，老板找各种理由推脱不给。那天客户又来要账，老板找个理由又把他给搪塞走了。那人出门开车的时候，一下就把旁边老板的豪华座驾给剐了。朋友当时就在现场，两辆车的距离不是很近。周围是空地，没有别的车停放，正常情况下是根本不可能发生剐蹭的。意外发生后，客户也很吃惊。他看起来不像故意剐蹭的。

我相信，那个客户不是故意的，至少在意识层面不是。汽车在心理层面代表自己，老板的车代表的是老板本人。客户对老板一直赖账很是愤怒。但他表面上又不能撕破脸，只能压抑自己的怒火。这个意外就是他对那个老板潜意识里的攻击。这正是潜意识象征性的表达方式。所以看似不可能发生的事故就这样在众目睽睽下发生了。

　　这个案例中的"显事件"和"隐事件"是非常清晰的，一目了然。那个客户对那个老板汽车的剐蹭，代替了对那个老板的攻击。我称意外为"现实的梦"，这个意外像不像一个梦呢？在梦中，我们不是经常把欺负我们的人暴揍一顿吗？前面弗洛伊德的案例中那个受婆婆虐待女教师，她在梦中不就是追打一条脱毛的丑陋的老狗吗？

　　过去我们为什么很难理解各种意外事件是如何发生的？就是因为我们的眼睛一直盯在意外事件本身上，没有想到意外可以像"梦"的结构一样，背后是潜意识的影响，可以进行心理分析。

四、意外分析的意义

　　戴维·迈尔斯在《社会心理学》一书中说："我们人类总是有一种不可抑制的冲动，想要解释行为，对其归因，以使其变得秩序井然，具有可预见性，使一切尽在掌握之中。"

　　意外分析首先可以满足人的好奇心，对未知的好奇和探索是人的天性，也是社会不断前进的动力。人们在发现问题的同时，也想弄清楚其中的原理，因为搞明白之后就可以为我所用。

　　意外分析可以找到当事人隐秘的情结，可以做心理疗愈，是自我觉察、心灵成长的一个很好的途径。就像很多的心理学家每天早上记录自己的梦，然后进行分析是一样的。意外分析像释梦一样，可以有不同的角度，并没有一个绝对准确的标准答案。通常我们意外心理分析的目的是发现情结，促进心灵成长，分析的角度越多就越有利于我们发现自己的问题。

很多意外被解读出来后，事情会有意想不到的改变。比如原来找不到的东西可以找到，原来很危险的事情得到了平安等。意外分析，可以让我们更清醒、更明白地活着。当我们把潜意识里的东西意识化的时候，很多症状都是不治而愈的。这就是弗洛伊德在心理治疗时的一个重要发现。

意外事件的一个重要作用就是给当事人做心理能量调节。无论你是否明白，你的内在都是做了一些调整。有些人经历过大的劫难之后，会改变对人生的看法。这种改变本身就是一种调节。我们解读意外，就是把这些被动调整变成主动调整。

我们解读各种意外，可以通过心理分析更了解自己，更了解自己的潜意识，目的就是少发生，甚至不发生那些不幸的事件。就像人得重病一样，很多重病都是负面情绪不断积累的结果。如果你知道症状所代表的意义，知道了得病的心理原因，你知道关照内心，自然得大病的概率就会大大降低。意外也是这样，大的意外发生之前，一定会发生很多次小的意外。当你对潜意识的提醒一再置之不理的时候，才会引发更大的灾祸。

解读意外的意义实在太大了。它就像是给你在长途行驶的汽车上安装了导航系统一样，给你的人生指引方向，可以让你躲避开各种无妄之灾，让你的人生旅途更加顺畅。

第三章　潜意识的语言——象征

一、梦的象征

心理学家都认可梦是一种象征性的语言。什么是象征呢？象征就是根据事物之间的某种联系，借助具体形象（象征体），用"此物"代表"他物"，以表现某种抽象的概念、思想和情感。可以说，象征是梦的基本表现形式。因此，对象征的理解，将会成为释梦的关键。

用日常语言，我们很难解释清楚我们内心的感受。许多心情微妙的部分，往往找不到适当的语言来表达。而运用象征则可以把这些细微的感受表达出来。

梦的语言，本质上就是象征语言。而象征语言是人类最原始、共有的语言。弗洛伊德视象征语言为密码，而梦的解析则是对密码的破译。

对弗洛伊德而言，梦中的象征语言是一种表达某种特定的、原始本能欲望的语言，绝大多数都带有性的本质。首先说一说代表男性生殖器的东西，很多形状上相似的东西都可以作为男性生殖器的象征物，如手杖、竹竿、铅笔、雨伞、蛇和蘑菇等；或者具有穿刺性和伤害性的东西，如刀、剑、匕首、矛、锤子、大炮、手枪等；往外流水、喷水的物品也可以象征男性生殖器，如水龙头、水壶、泉水等；动物，如蛇、猫、鼠（因为生殖器有毛）；可以拉出的东西，如可以自由伸缩的吊灯；梦中的许多风景，尤其是那些包含桥梁或树木、大山的风景，都可以象征男性生殖器；因为男性生殖器在勃起时是违反引力定律的，所以它还可以用气球、飞艇、飞机等事物来象征。

说完男性的生殖器，再说女性的。女性生殖器通常由具有容纳性的东西来象征，例如：坑、洞穴、花园、罐子和瓶子，各种箱子、柜子、首饰盒、口袋等；如果梦到房屋，其中门和窗户可象征阴户；如果用动物来象征，则是蜗牛和蚌等；花朵通常是女性生殖器的象征，特别是处女的生殖器；乳房也是性器官，因其为女性身体的半球状部分，其象征以苹果、桃子来代表。此外，梦中的阴毛多以森林和竹丛象征。

这些代表男性生殖器的东西，也代表男人。而代表女性生殖器的东西，也代表女人。

梦中的儿童也常常表示生殖器，因为男人或者女人都习惯把他们的性器官称为"小东西""小弟弟""小女人"等。

性兴奋可以通过跳舞、骑马、爬山、飞翔等运动表现出来；刺杀、射击、扫烟囱和上梯子可象征性交；秃顶、理发、砍头或牙齿的脱落则是阉割的象征；除了性元素以外，象征还是幼童基本经验的表达，国王、王后（皇帝、皇后）是父亲和母亲的象征，小孩则以小动物来象征，而出发旅行则为死亡的象征。

弗洛伊德同时指出：象征并不专属于梦，而是属于无意识的想象，特别是关于人的那些象征，在民间文学、神话、传说、成语、格言和流行的趣话中比在梦中更为发达。

关于象征，美国心理学家弗洛姆有十分深入的研究。他还把象征分成三类：习惯性象征、偶发性象征和普遍象征。词语"杯子"和这个被叫作"杯子"的物体有什么内在联系吗？没有，只是一个特殊的词语对应一种特殊物体的一个习惯，被人们确定了下来，这就是习惯性象征。偶发性象征是与其代表的事物有一点儿内在联系，比如一个人失恋的时候周围恰巧放着一首歌曲，那么他再次听到这首歌曲的时候，就会很伤感。这是他的个人经历，别人是难以理解的。在释梦中，偶发性象征绵绵不断。普遍象征与其代表的事物联系密切，比如水代表滋养、情绪、情感等，火代表热情、愤怒和危险等，这些象征都能被所有人领悟。

弗洛姆分析过的一个梦："有个男人独自经过一座果园时，从一棵树上摘下一只苹果。一只大狗出现了，并朝男人扑了过来。"做梦者恐惧万分并惊醒了。弗洛姆解释，做梦者对一个已婚妇女产生了欲望。他想和她发生关系，却有所恐惧。事实果然如此。因为摘苹果代表性交（苹果代表性，来源于《圣经》故事。亚当和夏娃受到蛇的引诱，偷吃禁果，被上帝逐出伊甸园），而狗代表道德观念。他要摘邻居家的苹果，结果被狗追，象征着"有色无胆"。

象征语言是我们人类"集体智慧"的一部分，是我们共同的根本。明亮或暗淡，寒冷或温暖，高高飞翔或困在隧道……所有这些意象都对应于不同的感受。它们总是意味着相似的事情。固然有文化之间的差异，但人类情绪的相似性远远大于差异性。

二、意外中的象征

梦是象征性的，但不是现实。意外事件是现实的，同样充满了象征性。从象征的角度来看，梦和意外这两者没有什么区别，用的是同一种语言。下面是象征在解读意外事件时的应用：

一位出租司机朋友跟我联系，说刚才在厕所里刷完牙。他在洗牙刷的时候，玻璃杯子碎了一大块儿。这玻璃杯子很厚实，他已经用了好几年了，奇怪怎么就突然坏了呢？

我说："意外是在厕所发生的，厕所一般和性有关。你上次不是说想找女朋友吗？怎么样了？"他说还没有找到呢，只是看到了一个目标。前天晚上他出车的时候，遇到了一个心仪的女孩。她相貌不错，是一个专卖店的店长。他俩聊得挺开心，就互留了微信。今天早上他一觉醒来就在床上琢磨这件事，想发个信息联系她一下。可是他拿着手机纠结了半天，想来想去不知道说些什么好。最后他干脆不写了，起床去卫生间洗脸刷牙，于是就发生了玻璃杯坏掉的意外事件。

我问："你觉得这事有希望吗？"

"看那女孩的穿着和气质，感觉我们确实不是一个层面的人。说实话没有什么希望，但是我又想碰碰运气。"他语气中带着些许遗憾。

厕所：是排泄的地方，还和身体裸露、暴露生殖器有关。性行为是性能量的一种排泄，也要暴露生殖器，具有私密性。所以上厕所经常用来象征性行为。

杯子中空可以象征女性性器官，牙刷细长可以象征男性性器官，杯子和牙刷是一对很典型的性特征的组合（钥匙和锁也是很典型的组合，具有明显的性象征），刷牙的动作可以象征性行为。玻璃杯的破碎，代表他经过考虑之后，恋爱的希望破碎了。虽然他嘴上说还想去尝试，其实他内心已经放弃了。

我去参加一个活动。一位女士说，她今天忘带手机就出门了。我说，手机代表沟通。忘了拿手机，就是代表不想沟通了。

手机忘在家里，可能和家有关。她说，出门前，老公因为一件琐事对她发火。她选择了沉默，没有辩解。她知道，如果辩解，又得和老公吵起来。她不想吵，就出来参加活动。后来她发现手机忘带了。

手机代表沟通，她不想沟通的原因和家里的老公有关，转变成象征性语言，就是把手机忘在家里。所以她出门时忘了拿手机，和她的这种心理正好匹配。

一位女士的戒指找不到了，把家里翻了个遍也没有找到。她信誓旦旦地对我说："那个戒指我保证没有丢，但就是找不到。"我说："戒指一般和恋人或者婚姻有关。"她不好意思地说："我和老公的感情一直不好。只是因为孩子，我们就凑合着过。后来我在外面有了个情人，这个戒指就是那个情人送给我的。从去年开始，我和他的感情有些淡了。最近我听说他找了一个女的，两个人好上了。我知道这件事后，不想再挽回了，决定和他断绝关系。"

戒指：是盟约和承诺的象征。戒指、耳坠和项链等饰物，多和婚姻或恋人有关。

意外可以反映当事人的内心状态。这个戒指是情人送给她的，所以戒指就可以代表那个情人，也是他们关系的象征。因为她决心和他断绝关系，于是他送给她的戒指就适时地消失了。

一位爱好跳舞的女生联系我，说她有个特漂亮的胸花丢了。她今天去给一个朋友帮忙，表演一个跳舞的节目。那个胸花就别在衣服右侧，结果丢了。

我问她是什么样的胸花。

"那个胸花上面有五个花瓣。有个朋友要参加单位年会，找人帮忙出节目，就找了我们五个女孩子一起去跳舞。因为距离特别远，去的地方条件特别差，天气又冷，我们义务帮忙，都是打车去的。结果她都没说个客气话给大家报销车费。大家都有很大的情绪。我们甚至都希望今天筛选节目，干脆让我们的那个节目选不上才好。"

"花可以代表女性，五个花瓣正好对应你们五个女孩。胸花弄丢了，就代表你们不想去了。"我说。

第二天她又和我联系，说结果出来了，她们的节目果然没有选上。我说："你看，这也是如你所愿了。"

大家不惧严寒去给朋友帮忙，那个朋友却不关心大家。这让她非常不满。当天选拔节目结束后，她很晚才疲惫地回到家，于是心中的怨气更大了。到家后，她发现那漂亮的胸花丢了。这个胸花既代表她自己，也代表她们五个女孩。

看似随便丢失的东西，往往并不是随便丢的，也有其象征的含义。

一个女生在老家的妹妹得了重病，长时间卧床不起。她回老家看护。一天她和我联系，说最近两次去买鸡蛋，两次都买到了双黄鸡蛋，不知道是什么意思。

蛋代表开始、出生。双黄蛋是代表好事，我问她最近是否有什么一举两得的新项目？

她说正在学习两种自然疗法，一边学习一边在生病的妹妹身上实践，感觉治疗效果不错。妹妹的睡眠质量和精神状态都得到了改善。她想，如果这两门课程学好了，以后还能成为自己挣钱的项目。

她两次买到了双黄蛋，代表的是这两个可以一举两得的自然疗法，既能帮助妹妹治疗，以后又可以挣到钱。

一位女士想蒸鸡蛋糕。但是，她从盒子里往外拿鸡蛋的时候，不小心把整盒鸡蛋碰到了地上，所有鸡蛋都打碎了。她让我帮忙分析一下，是什么导致的这个意外事件。我问她最近有没有新的计划刚开始就遇到了问题。她说，她想放弃现在的工作出去干，结果第一次面试就失败了。这几天，她正在犹豫是否辞职。我建议，辞职这件事，她要慎重对待。

蛋：代表着孕育、生命，也表示某些新事物正在酝酿之中，还可以代表创造性的新项目，或者经济上的收益。反之，被破坏或破损、破碎的蛋则表示不幸。双黄蛋代表较多的收益、成倍的收益。

有一句大家都知道的俗语，"不要把所有鸡蛋放进一个篮子"，就是告诫人们：做事时，不要孤注一掷，要有风险意识。这个意外就是在给当事人警示。

一位女士的驾驶证丢了一年多，无论如何都找不到，让我帮她分析一下。我对她说："驾驶证是关于控制、驾驭的凭证。你想想这一年多的时间，什么东西让你感觉驾驭不了或者驾驭起来很困难？"这让她想到了目前的工作。她学的专业和工作职位不对口。随着公司的发展，她感觉对工作越来越力不从心，甚至多次想到辞职。但是，她对辞职后做什么又有些迷茫。

几天后她和我联系，说驾驶证找到了。她说："那天我在家里洗完澡后坐在床头边。床垫是双层的。我感觉有个地方有点鼓，就掀开床垫一看，那个驾驶证正静静地躺在下面！"她回忆说，驾驶证确实是自己放在床垫下的，过后就忘得一干二净了。

驾驶证：是关于控制、驾驭的凭证。

一年多没有找到的驾驶证，在我帮她分析出了其心理原因后，仅仅过了几天就找到了。这样的事我遇到很多次了。对于这种意外，弗洛伊德也做过专门的论述。这种现象被他称为"东西的误置"，就是对东西放的地点的遗忘。而且，他通过研究得出一个普遍的结论：在任何情况下，不愉快的动机是遗忘产生的基础。当你的动机消失的时候，遗失的东西往往就会重新出现。

一位女生和我分享她的意外："昨晚有个网络直播课程我不想上，因为感觉自己没有什么基础，跟不上，听不懂，又不敢和老师说。然后，昨天下午我就找不到手机了，打过去手机是静音。全家一起找也没有找到。本来可以在电脑QQ课堂上学习，但是QQ可以正常使用，唯独进不去QQ课堂。登录多次都是黑屏！最终因为无法进入网络课堂，而如愿以偿地没有听课。今天，就在几分钟前，我一眼看到了我的手机。它就掉在沙发缝儿下面的地板上！"

对这些"东西的误置"的意外进行心理分析，除了潜意识的动机，确实很难对这一现象做出合理的解释。

一位女士对我说："老师，我四天内连续遗失了两把伞。第一把忘在了初中同学的私家车上。第二把就是今天忘在地铁上了。时间都是下午4点到6点之间。这事有什么寓意吗？"

伞的作用是保护，我让她想想最近有没有和保护有关的事。

她说："老家的房子要拆了，旧改，政府拆迁，准备拆还没拆，已经签了拆迁协议。"

我问："老家房子准备拆，你是什么感觉？"

她说有些失落。

"失落就是'遗失''落下'。"我把她说的"失落"两个字做了拆分和重新解释，巧合的是，她丢的两把伞，其中一把"遗失"了，遗失在地铁上；另一把被"落下"了，落到了初中同学的车里。"遗失"的找不回来了，"落下"的还可以拿回来。

"噢，那么落在初中同学车里、丢在地铁上有什么寓意吗？"

"那初中同学代表你的过去，青春的记忆；地铁可能代表着政府的力量、时代的列车，把曾经保护你的房子给无情地带走了。"

她说明白了。我又问她是什么时候从老家出来的。

"我小时候一直住在外婆家，到初二的时候，才被妈妈强制接回家。后来高中就住校了，寒暑假才回家，大学也是这样。大学毕业就出来了。事实上，我在家里的时间并不多，也不太想回去。"

"所以你的伞是遗失在你初中同学的车里，因为你初中的时候，是你和老家的房子联结最紧密的时候。"我说。

"是的，我真正意义住在家里，就是初二、初三那两年。我以为我自己对那个家没有什么感情，但潜意识是有'失落感'的，意识不愿意承认或者面对吧。这个意外，我想是来提醒我承认这份'失落'吧！"

伞：是保护性资源，给予安全性，是一种庇护。不过，这是一种"简易"的保护，容易被吹走或者坏掉，扛不住多大的风雨。

房子：是遮风挡雨，起保护作用的场所。房子代表"心房"，可以反映我们的内在环境，有时可以代表身体。童年旧居：表示与童年记忆、家庭资源的联结，和童年的问题接触，也代表深层的内心。

初中同学：代表过去、青少年时代、中学阶段。

家乡：是我们内心归属的地方，代表亲情和庇护，也可以代表一个人的过去。

地铁、火车：火车、地铁属于同一类，都是力大无穷，运行必须遵循固定的轨道，出发和到达的时间也是固定的，可以象征巨大的外在力量和外在援助，可以象征时间、时机或者时代，有时还可以代表生活方向。

发现规律、研究规律的最终目的，是利用规律为我们的生活服务。凡是连续出现两次的事，都应该引起我们的注意。这可能是潜意识提醒我们的信号。一个人连续丢了两把伞，不是偶然现象。房子和伞都是起保护作用的，都能给我们遮风挡雨。两者的区别是房子比较坚固、稳定，没法移动，可以抵御较大的风雨。伞对人的保护有限，特点是方便，可以随身携带。因为伞和房子的功能相似，这个案例是用伞来象征房子，用伞的丢失来象征老家房子的消失。最巧妙的是，伞居然丢在了她初中同学的车里。初中同学代表她的初中时光，而初中恰恰是她和老家的房子情感联结最紧密的时候。

家乡对我们很重要。家乡的那个被称为"家"的房子对我们更重要。我们的人生旅途就是从那里起航的。人生中最重要的几年都和那里有关，所以那里也会聚集很多情结。家乡像"母亲"的原型，而那个"老宅"在功能上很像母亲的"子宫"，家就是孕育我们成长的地方。对于这个家，不管你的人生平凡还是非凡，我们在情感上和它都是分不开的。因为那个被称为"家"的房子，它象征着"子宫"和"母爱"。

子宫是让胎儿感觉最安全的地方，成人受到伤害同样有回到子宫的欲望。这位女士以为对这个家并没有多少感情，其实是她在家里没有得到所期盼的爱。当一个人知道自己无法得到爱的时候，意识上会试图说服自己否认事实，以免让自己陷入痛苦。这是我们常用的一种防御方式。她的创伤还没有处理，而今这个有疗愈功能的"子宫"却要被摧毁了。这下把她的情结给激发出来了，产生了分离焦虑。她丢失了两把伞，她和伞的分离就是她和

"老宅"分离的映射。

　　某种情结未完成是不会罢休的，这与年龄无关。你越想回避的东西，往往越会出现一些事情不断地提示你它的存在。你越不想面对它，恰恰说明它对你的重要性。

　　意外心理分析主要是一些平时不太遇见的事，或者在某一段时间内重复出现的事。这个案例看似是重复，其实并不是简单的重复。两次丢伞的象征是不同的，像是一个拼图，你得把两次的象征含义组合起来看，才能知道潜意识要表达的真正意义。

　　如果你觉察力够强，重复性的意外发生一次就可以了。比如前面说的多次崴脚、迟到的案例。如果第一次崴脚时，当事人就有所觉察，后面可能就不会一再发生了。在你没有觉察的时候，潜意识才会多次提醒你。发生多次同样的事件，就像有人因为急事去你家找你一样，反复地敲门，反复地大声叫你，直到你回应为止。仅仅看到有问题是不够的，我们还要了解潜意识要表达的是什么。就像释梦，我们仅仅把梦回忆出来是不够的，还要把梦表达的意思解读出来才行，否则就把潜意识传递给你的宝贵信息给浪费掉了。

三、梦和意外象征的比较

　　意外的象征非常重要，很多时候就是意外分析的核心点。就像荣格说的：梦中的事物本身的象征意义就是梦的答案。

　　因为梦和现实有很大的相似之处，现在就释梦和意外分析中同样物品或同样情境下的象征，做一下比较：

　　1. 梦和意外的案例比较：大门和钥匙

　　先看一个关于大门、钥匙的梦：

这是一个 38 岁男士的梦：我感觉自己走进我家的房子。我很清楚那不是我的家，又好像是我的家，因为有人在呼唤我。可是我的钥匙却打不开门——我有些躁动不安。为什么我打不开门？门究竟在哪里？我变得很生气，一边骂人，一边继续拿没用的钥匙开门，直到我醒了。

这是一个贴近现实生活的寻常梦。梦的主人打不开家门，无法走近那个叫喊的人。做梦者联想到了自己的儿子，儿子既摆脱不了困境，又不能从房子里出来。最后做梦者才觉察到那个孩子代表的是自己，是自己的内心目前正处在"困境"中。他终于明白要善待自己。

再看一个关于大门、钥匙的意外：

一位女老师对我说，她这几天发生了两次小意外，都和钥匙有关。她先是上周把钥匙锁屋里了，接着今天早上她拿了单位钥匙从家出来，到单位才发现拿错了。她说从来没有在钥匙上发生过错误，可是这几天就连续有两次了，不知是什么缘故。我说："锁可以代表问题，钥匙代表解决问题，门代表心门，你想想最近发生过什么事？"她说："我们现在没有开学，还在放假。但我需要提前备课。可对于备课，我一点儿动力也没有。我不想去单位，但是不去还不行，因为开学就试讲……"

大门：象征阻碍或通道、机会和选择，也象征"心门"。

被关在门外：象征着无法越过一些障碍。如果当事人意识到障碍的存在，已经标志着疗愈的开始。

锁和钥匙：锁，让我们无法触及某些事物，表示我们的问题无法解决。钥匙，提供途径解决问题，是我们进入某个地方（实现某个目的）最重要的物品和资源。钥匙也可以代表权利和获得权利的通道，有钥匙意味着有控制权。此外，锁和钥匙还有比较明显的性暗示。

人的情绪会有起落。每次长假过后（特别是春节和国庆黄金周），很多人都会出现"节后综合征"，就是会出现各种生理或心理的问题。比如感觉厌倦，提不起精神，工作效率低下，迟迟进入不了工作状态。还有人出现恶心、眩晕、肠胃不好、神经衰弱等状况。这是因为人的生物钟一旦形成规律，就不容易被打破，得有一个改变、适应的过程。这个案例中，还在假期中的她状态还没有调整过来，不想备课，不想去单位。于是，潜意识就接连制造了一些意外，让她到了单位却进不去大门。

2. 梦和意外的案例比较：下楼梯、下台阶

先看一个下楼梯的梦：

一个女大学生，梦见她从楼梯上往下走，好像是想去舞会。表面看起来这个梦是白天情景的再现，因为她的宿舍在四楼，梦中她正沿着宿舍楼的楼梯往下走，和睡前去跳舞时的情景一模一样。

但是实际上梦却另有所指。咨询师问她，是不是她认为自己本来很出色，但是由于贪玩，现在学习上或其他方面开始走下坡路。

她回答说，正是这样。她在中学一直是全校的学生尖子。到了大学，她发现在人才济济的大学里，自己已经没有了原来在中学的优势。她本来想努力学习，但是又克制不住想玩一玩，时常去跳舞。然而，每次去玩，她的心里都很自责，认为这样下去，自己会越来越不如别人。

再看一个下台阶的意外：

一位女性在下台阶的时候把脚给扭伤了。她对我说："我上周六去街上买东西，在下台阶时把右脚的脚指头给窝了。就在我要重重地摔下去的一瞬间，走过来了一对男女，其中那个男的把我托住了。我仅仅是脚趾扭伤了，当时还能凑合着走。但是，过了一天后脚变得黑紫肿胀，我只能一瘸一拐地走。这个意外对我意味着什么？"

"你是下台阶时发生的意外。下台阶一般和什么事往下有关，比如走下坡路、下海、下降等。右脚的脚趾被窝了，可能是你在追赶什么，让你很窝心。你仔细地想一想？"我给她分析道。

"我明白了，我在前一天晚上确实很窝心。一个男性朋友在我面前说话老带脏字儿。他说是口头语，也不自知，激动起来是每句话都带脏儿字，骂骂咧咧。对此我很反感。当时，我忍无可忍，于是我就情绪大爆发，把他大骂一顿，说了一些刻薄难听的话。冷静下来我想想又觉得不值得，干吗发那么大脾气。所以我一晚上也没睡好，第二天就发生了扭伤脚的事。"

"是下流吗？"我想做进一步的确认。

她说是，就是带着生殖器的那种词。

"那这个'下'台阶，在你这里就代表'下流'。你认为你朋友说话'下流'，让你很生气，追着他打骂。后来你又觉得过意不去，所以是你的右脚脚趾窝了，而且是在下台阶的时候窝的。"

"噢！是这么回事，那个朋友其实本质上还是不错的。我们认识很多年了，只是他不拘小节，自由散漫。可能在别人眼里很平常的事，对我来说就是一个大问题。"

上楼、上台阶：一般是跟什么目标向上、上升有关，努力向上，实现困难或无能为力的心理。

下楼、下台阶：事情变坏，不愿走下坡路，不接受下降、下滑、下海等和"下"有关的事。

扭伤：发生了错位，或者扭转别人不成自己还受到伤害。

脚：代表走路、人生道路。脚在中国文化是有性含义的身体部位。

"我要重重地摔下去的一瞬间，走过来了一对男女，其中那个男的把我托住了。"说明这个意外可能和男女有关，分析后发现她不是因为男女关系，而是和她的一个男性朋友有关。这个朋友说话带脏字，她忍不住对他发飙。后来通过反思，她又后悔了，感到自己做得太过分。紧接着，第二天她就把脚扭伤了，所以说这是个带有自惩性质的意外。我们通过她忍受不了别人说带"生殖器"的脏字，可以看到她对"性"方面好像是有洁癖的，背后是有情结的。而她采取的是对抗的方式，但是对抗并不能解决问题。她因为此事一晚上没睡好，说明这件事对她的情绪影响很大，也说明她在道德方面的自我要求是很高的，超我比较强大。也只有超我强大的人，才容易发生自惩性质的意外。

这个意外发生在她下台阶的时候。"下台阶"的象征比较重要。如果没有和当事人好好沟通，我是无论如何也想不到，这个"下"在她那里代表着"下流"。这就属于偶发性象征。

"理论是灰色的，生命之树常青。"每个人都是新鲜的、未知的，也是独特的、有趣的！

3. 梦和意外的案例比较：针

先看释梦里的"打针"：

某女大学生对一个第一次见面的男学生讲了一个梦："一个男的要给我打针。我有些害怕。那个男的说，不要紧，吃了这片药就没事了。这个梦的意义是：那个男的想和她性交，她害怕怀孕，于是那个男人说吃了避孕药就没事了。

再看一个和"针"有关的意外：

一位女孩在家里右手拿针缝衣服的时候，不小心把针戳到左手大拇指上了，还流了血，让我帮着分析。我说，大拇指可以代表老大，被针扎可能和性有关。她立刻惊讶地告诉我说"对了"。她说很喜欢一个男生。缝衣服的时候她正在心里想他，而且那个男生性格霸气，确实有种老大的作风，有时让她感到害怕。

梦见针刺进肉里或者打针都可能象征着做爱。如果一个女子梦见打针，针很可能代表男性生殖器，而打针则代表她希望有机会性交。在现实生活中，发生"针"的意外确实可能和"性"有关，但还要具体问题具体分析。如果儿童或者老人被针扎了，可能只代表受到一些刺激或伤害。

4. 梦和意外的案例比较：鞋子

先看释梦里的鞋子：

一位已婚女人梦见她的一个朋友。这个男士是某公司经理，独身。梦里他像平日一样穿着笔挺的西装，却穿着一只大而旧的解放鞋。

经分析，我断定她对这个朋友有意，希望离婚嫁给这个人。但是她担心对方不接纳她。因为她年纪比对方大，不是很漂亮，又结过婚。鞋大，表示人年纪大。旧，表示结过婚。解放鞋的"解放"两个字，表示想离婚。（朱建军案例）

再看一个和鞋子有关的趣事：

一位女士和我说了件趣事。半年前她去旅游，在一条商业街的一个摊位上看到有双女鞋很漂亮，就买下了。可是没走多远，在另外一个摊位上她发现了一双同款鞋，但颜色比她买的更漂亮。她非常喜欢，但她实在不想再买一双了，就趁店主不注意，把两双鞋交换了一下。她偷偷地把自己的鞋放到柜台上，把那双更漂亮的鞋拿走了（两双鞋价钱一样）。

我知道她目前单身，对她说："鞋子一般代表恋人、婚姻。我想，你在不久前可能有个男朋友，后来你对他不是太满意，就选择了分手。然后你换了一个新男友。你对这位新男友还是挺满意的。"

她回答说："你说对啦!"

鞋：俗话说："婚姻就像鞋子，合不合脚只有自己知道。"鞋多代表恋人、夫妻、婚姻等，还可以代表路、立足点等。

5. 梦和意外的案例比较：错过火车

先看一个错过火车的梦：

一次我（朱建军）给人释梦。对方说她几年前曾连续多次做同样的梦，梦见她赶火车。当她到达车站时，火车刚刚开走。我告诉她可能当时她正面临一个机会，而她十分担心自己赶不上这个机会。我问她："那时你是否正面临着一个改变自己命运的机会或转折？"她说："是的，我正打算去深圳工作。一个同学去了深圳，告诉我那里很好。但是我担心我已经错过了机会，深圳已经没有多少就业机会了。"说到这里，她补充说："现在我才知道这个梦是怎么回事。当时我认为这个梦不吉利，很厌恶它，连梦里穿的衣服我都不愿意再穿……"我打断她的话，说："梦里穿的衣服有什么特别的地方？我告诉你，梦里的每一个细节都有意义。你在梦里注意到你穿的是这件衣服，说明这件衣服必定和你想去深圳的事有关。不然的话，你不会梦见它。"她想了想，突然说："是的，那件衣服就是那个劝我去深圳的同学送给我的。"然后她又说："你解释得真准啊!

再看一个错过火车的意外：

一位女士在过年回家途中，在火车站候车室把火车票给弄丢了，只能重新补票。她叙述说："我是带着孩子回娘家，但没有直达的火车，中途得换乘。晚上我们在候车室等车。要上车的时候，我才发现皮夹子丢了。火车票和一部分钱都在里面。可能是被小偷偷去了。"

"你最近有关于错过机会的事吗?"我问。

"最近工作上有一件事，就是我想考国外的一个职业资格认证。本来自己还没有考试资格。快到报名截止的时候，我才听说今年的考试条件有变动，我的条件是可以考的。我就着急了，开始准备各种材料，申请、报名，最后还真报上名了。可是因为准备时间太短，考试没过，这让我非常沮丧。"

"错过火车代表错过机会。候车室是准备上车的地方，可以和你这次考试报上了名相对应。火车票是上车的凭证，你在候车室把车票丢了，失去了上车的机会，就像你这次资格证考试一样，代表你虽然报上了名，却没有考过。"我说，"对了，那个资格证书以后你还可以考吗?"

"可以。但不是每年都可以考，所以才让我烦心!"

路：可以象征人生的各种道路，比如事业之路、人生之路等。

晚上：是什么事晚了、怕晚。

火车站：是出发和到达的地方，是转换的地方，也是选择的地方。

她的车票晚上被偷，代表她的资格考试报名晚了，知道这事晚了。错过火车代表她错过了这次职业资格考试的机会。

大家看到，无论是释梦还是意外分析，事物的象征基本都是一样的，解读过程和思路也很像。如果你有释梦的基础，解读起意外来也会相对容易。

四、意外和梦的关系

梦是一种心理现象，意外的发生也是一种心理现象，是一种显现在外部的心理现实，也是我们了解潜意识的一种途径。

现实和梦有很多相似之处，但也有诸多不同：梦的缺点是不太容易记忆，忘得又快，或者对梦的记忆不清晰，有很多遗漏和偏差，甚至有人还会伪造梦的细节。这些对释梦都有影响。还有梦的逻辑有时非常混乱，会给释梦者带来一定的困难。和梦相比，意外分析的优势很明显，因为意外发生在现实世界，事情的来龙去脉很清晰而且确定。只要时间不是很久远，事件的各种细节基本不会忘，时间、地点、人物、过程都清清楚楚、明明白白。这就为我们进行心理分析提供了非常大的方便，所以对意外事件的解读几乎适合所有人。

梦和意外既然都来自被压抑的潜意识，那么它们之间的关系是怎样的呢？我觉得，它们之间既相互独立，又联系密切。有的人可能只做梦。有的人可能只发生一些意外。有的人是同期既做梦也会发生意外，这两者甚至还会交错，或者几乎同时发生。

1. 梦和意外表达的内容不一致：

有个女生跟我说，最近她崴脚三次，都是右脚。对此她很疑惑。我问，她最近是否有什么担心的事。她说想不出来。在聊天过程中，她说，昨晚做了一个梦，一个从老家来的老女人在她家住着，把家里弄得乱七八糟。她很是生气，对那个老女人加以训斥。我问，这个讨厌的老女人让她想到了什么？她说，她想到了表妹。几天前，表妹来到北京并且住在她家。很巧的是，她的表妹正是来自老家乡下。

脚：代表走路，人生道路，也可以代表手足情。

崴脚：一般和担心什么事有关。

　　她和表妹是小时候的玩伴儿，感情一直不错。表妹来到北京住进她家。现在她家里不是她一个人，还有老公和孩子。她的房子也不大。老公虽然没有说什么，但也看出有明显的不快。这件事让她很心烦，可她又没法对表妹明说，担心影响和表妹的关系。就在这时，她把脚崴了，而且是连续三次。

　　她的内心既冲突又矛盾，三次崴脚就是她的内心冲突的外在呈现。但是她不明白是怎么回事。身体再三的提示还不够，没办法，她的潜意识就只好通过梦境来平衡她的情绪！在梦里，一个乡下老太婆把她家里搞得乱七八糟，她可以通过打骂对方把情绪表达出来。在现实中，她只能把情绪压抑下去。

　　她的意外和梦反映出来的是同一件事。我发现一件有意思的事：就是潜意识会变着法子，千方百计地让你的意识知道。你如果还不知道，潜意识就会反复地向你传达信息，一次不行就两次，两次不行就三次，这条路走不通就换一条路，陆路不通就走海路，海路不通就上天空。所以说，潜意识并没有伪装，也没有必要伪装。潜意识一直在努力地通过各种方式清晰地提醒人们。只是多数情况下人们并没有觉察，或者有觉察也读不懂这些信息。

　　一个男士由于交通堵塞，上班迟到了。公司主管狠狠地责备了他，这让他很窝火。在下班的路上，他又不小心开车撞上了一根电线杆。当天晚上，他做了一个梦，梦见自己开车撞上了公司主管。

　　公司主管的责备让他很气愤，但他只能压抑。他下班开车撞到电线杆，电线杆就是他心中公司主管的替代物。可能公司主管长得又高又瘦，像个杆子一样；或者公司主管的气质、脾气给他的感觉和电线杆很像，比如冷漠、爱发火等（电就是火）。意外虽然发生了，但他并没有觉知。晚上他做梦开车撞上了公司主管，就直接体现了弗洛伊德所说的"梦是意愿的达成"，实现了在现实中没法完成的愿望。这是一个补偿性的梦。

有一首流行歌曲叫《像梦一样自由》。可是，在我们了解梦的运作机制后发现，梦看似无拘无束、很自由，其实做什么梦、梦到什么本质上并没有什么自由，都是受到潜意识的控制。梦中的所谓自由只是形式上的自由。

我们可以看到，有些梦和意外表达的内容虽然表面上看好像没有什么联系，但分析出来，本质上就是一回事。

2. 梦和意外表达的内容是一致的：

一位女生说，她做的梦会在现实中发生。前几天她做了一个梦，梦中车行驶中追尾，踩刹车刹不住，眼看着就撞上去了。结果过了两天她就真的追尾了。当时，她在一个路口等红绿灯时低头弄东西，没留意到脚下刹车松了，就听"吭"的一声，一抬头就看到顶前车上了。她说，开车这么多年第一次追尾。昨天她做梦倒车也是刹不住车，把别人撞了。因此，她好担心再次发生意外。

我告诉她："追尾那个意外，可能是你想追什么，但过于着急了。倒车那个意外是急于后退，也是和着急有关。"

"对的，是这样。梦里我急得心都快跳出来了。我正准备换工作。现在的工作自己有无力感，觉得施展不开，所以干得很压抑。我想尽快换个环境，目前正在商谈中。"

"所以说，你现在既着急想向前寻找合适的新公司，也着急想退出原来的老公司。"

她说，正是这样的。

她的梦和意外表达的内容是一致的，而且是因为想换工作引发的。意外和梦都是潜意识表达的方式。它们语言相似，目的相同，只是表现方式不同，一个发生在虚幻的世界，一个发生在现实世界。它们都是潜意识向我们的意识不断发出的提醒和警告。

一个女士说，她喜欢养热带鱼，家里有一个将近一米宽的大鱼缸。一次午睡梦到她的大鱼缸在换水时玻璃碎了，被惊醒。其实午睡前她就想，下午该给鱼缸换水了。被这个梦惊醒后，她坐在床上呆坐了一段时间，感觉有些奇怪。之后她就开始给鱼缸换水。谁知刚给鱼缸换完水，鱼缸的玻璃就真的碎了。

一个女生和我说，她的手机丢了。她前天晚上做了个手机丢了的梦，没想到第二天手机竟然真的丢了。

她的鱼缸碎了，正巧她刚刚做了一个鱼缸碎了的梦，所以她认为这是一个预示的梦。这确实是一种普遍的解释。我在此想提供另外一个视角的分析。我们知道，梦和意外都来自潜意识，只是两种不同的表现形式。而且两者的语言都是象征，所以假设她有一个情感失败、情感破碎的心理（水代表情感，鱼可以代表性），鱼缸就可以作为她被压抑情绪的象征物。她先做了一个鱼缸碎了的梦，紧接着又遇到了鱼缸碎了的意外。它们的源头都是来自潜意识，是一种并列关系。只是这两者在时间上是一前一后，有人就会想当然地认为它们是因果关系。

第二个丢手机的案例也是一样的。因为手机代表沟通、联系，比如当事人决心不想和谁联系的时候，就有可能做手机丢失的梦或者真的把手机弄丢了。潜意识通过梦和意外这两个途径，给当事人先后发了两次信号，它们都是提示当事人的沟通方面出问题了。

意外和梦可能表达的是一件事，也可能不是，还有可能是一件事的不同方面。这些都得看具体情况进行分析。

第四章　象征的世界

一、心理治疗中的投射测验

光怪陆离的梦有心理意义，因为梦是我们心灵创造出来的世界，是潜意识的表达。梦具有象征性也就罢了，但为何现实中发生的意外也是如此的不可思议呢？也同样具有象征性呢？

在心理治疗中，有一种应用于临床治疗的人格测量方法叫投射测验。它的理论基础是精神分析和分析心理学中的心理投射。测试的方向和目的，主要是探索人类那些深层次的、潜意识的人格特征。主要形式有：罗夏克墨迹测验、主题统觉测验（TAT）、房树人测验。

房树人测验属于绘画心理分析。绘画心理分析就是让被测者在白纸上随便描绘一张图画，然后根据一定的标准，对这些图画进行分析、评定、解释，以此来了解被测试者的心理功能、智力状态和人格特质，判断心理活动的正常和异常等问题，为临床心理上的心理评估、诊断、治疗服务。通过绘画可以确定一个人的情绪和人格特质已经成为业内人士的共识。从原则上说，画什么都可以，但为了便于检索和分析，常把绘画内容固定在几种图形上，即房、树、人。房树人测验是很成熟的心理投射测验。

在房树人测验中，画中的"房子"代表家庭，是人们成长的场所，可以投射内心的安全感，表达对家庭的感受和沟通模式。画中的"树木"测试也叫"树木人格图"，由于树的成长和人的成长相似，所以树能反映自我的成长，反映潜意识的自我，还可以代表一个人的事业。画中的"人"能够投射受测者的自我形象和人格完整性，反映出一个人的性格和价值观。

给你简单的绘画工具铅笔、橡皮和纸，你随意画的一幅画，里面居然蕴含着你大量的人格方面的信息，处处表达着你的内心世界。画面中的各种图形以及它们在画面中的大小、位置的高低、用笔的轻重、空间的配置、颜色的使用、线条的曲直和是否涂抹等都有着特定的心理意义，都在传递着绘画者的情绪、人际关系困惑与冲突。

1. 房子的结构不稳定，整个房子要倒塌一样，给人一种不安全的感觉，可以看出在经济上或情感上，家庭给予的支持不够。

2. 窗户上有很密的栅栏，表明作画者内心很封闭，对外界事物不关心。同时，还可能有些惧怕，引申的意义是不愿长大，不愿承担由于成长而应该承担的责任。

3. 门紧紧地关着，表明作画者的"心门"已经关上了，不愿

与外界进行沟通，不愿意开放自我，不愿意与别人交流内心真实的想法、情绪、感受等。

4.树木纤细，完全不足以支撑硕大的树冠，表明现实生活中资源稀少，或有资源却不能用，导致其生命力减弱，心理或生理抗压能力弱。

5.衣服涂黑，表明其自我接纳度不高，有自我否定的倾向。

6.衣服上的扣子表现出依赖，内心不够成熟。

7.腿涂黑表明其行动力弱，自我控制能力低，容易受周围环境或其他因素的诱惑。

我们分析一张画面依据的是心理投射原理，然后从象征的角度去剖析：整张画纸代表着一个空间，它在无形中具有"地面与天空、物质与精神、你与我、过去与未来、父亲和母亲"等象征意义。只不过在描绘过程中，被测者没有自我觉察罢了。这犹如人类未开化以前的心灵。人类从混沌初开，创世纪以后，就产生了一种"上为天，下为地，左为过去，右为将来"的概念，它进一步地演化就形成了"天圆地方""智圆行方"的心理原型。

画面可以投射出我们的内心，画面上的东西具有象征性，那么在现实生活中呢，我们的衣食住行是不是也可以投射内心，具有象征性呢？画在纸上的房子可以投射出我们的家庭关系、人际沟通模式和人格特征，那么在现实中买的房子呢？选地段、选楼层、选户型，买来的房子是不是也可以投射主人的家庭关系和人格特征呢？花费了大量心血的装修设计、精心选购的家具和内饰，难道就没有心理投射、没有象征意义吗？画面上的花有象征意义，精心选购、养在家里的花，难道就没有象征意义？画面上衣服的款式、图案可以代表被测者的性格特征，那么从商场买来的衣服，难道就不代表购买者的性格、人格？

心理和现实世界之间的联系、关系又是什么?

"沙盘游戏疗法(亦称箱庭疗法、沙盘疗法)"给了我很大的启发!

沙盘疗法是一种以荣格分析心理学理论为基础,同游戏以及其他心理咨询理论结合起来的一种心理临床疗法,由多拉·卡尔夫发展创立。沙盘疗法是目前国际上很流行的心理治疗方法,过去主要应用于儿童和青少年,现在的应用范围越来越广泛,如夫妻治疗、家庭治疗、企业和团队的组织和管理等。

沙盘疗法是通过沙子、水和各种沙具(模型)创造的意象和场景来表达自己,直观地显示内心世界,使个案的问题以物化的方式真实重现。沙盘意象反映了来访者内心深处意识和无意识之间的沟通与对话,进而使得身心失调、社会适应不良、人格发展障碍等问题在沙盘中得到化解。

为什么在沙盘疗法中沙子是其主要媒介呢?因为沙子既不是固体也不是液体,不代表海洋也不代表陆地,它是介于固体和液体、海洋和陆地之间的一种物质,所以说沙子本身就是一种象征。因此,深层心理学认为,沙子可以沟通人的意识和潜意识世界。箱子内部涂成蓝色,这蓝色是用来象征水的。

我们把沙盘称为"非语言的心理治疗",来访者运用触觉、视觉、听觉和嗅觉将最内在的意识和潜意识的想法、感觉带入物质形式,可以制造从潜意识到意识、从精神到物质以及从非口语到口语的桥梁,它使用的是符合无意识的象征性语言。

绘画心理分析和沙盘疗法都属于心理投射技术,有很多非常相似的地方,从象征上对各种事物的解读也基本相同。

简单说一下沙具的象征意义:栅栏和篱笆代表隔离、封闭或者保护。对于外面的人来说栅栏是隔离和封闭,对于里面的人来说栅栏是起到保护的作用。桥可以象征联结和沟通。城堡代表自我防御意识、封闭和隔离。花卉可以代表女性。草地象征着希望和新生。果实代表成果、成就和收获。树木的状态可以象征来访者的生命力状态。动物代表人的动物性人格，如兔子代表胆小、顺从，有时候还有点儿狡黠。人物是来访者不同人格面具的表现，如老人代表智慧，警察代表监督和监视，战士代表攻击性、伤害和破坏等。

　　沙具种类繁多，再加上类型不同，颜色、质地、尺寸、形状以及材料的不同，被放置和处理方式的不同、朝向的不同、新旧程度的不同，组合起来的图景就具备无限的可能性，可以投射出姿态万千的心理意象。这意象就成为来访者和咨询师沟通无意识的语言。咨询师借此了解、发现来访者的心理症结所在，从而进行相应的心理干预。咨询从来访者进入沙盘室的那一刻就开始了。来访者的一举一动、一言一行都是咨询师的观察范围，也都是咨询的一部分。整个摆放沙盘的过程也都在呈现来访者的心灵世界：他先拿的是什么，后拿的是什么，什么时候犹豫不决，什么时候果断，什么时候叹气摇头，他又调整了哪里，埋了什么沙具，什么时候情绪发生了变化等。

　　早年学习沙盘疗法时，我就想，既然咨询室里的沙具都具有象征性，可以投射来访者的内心，来访者在咨询室里说的话、做的事情都有心理意义，那么当来访者走出咨询室后，不是一样的吗？在咨询室之外说的话、做的事情不是同样也具有心理意义吗？把一个玩具狗放在咨询室的沙盘里就有象征意义，可以投射来访者的内心状态，把"它"放在自己家里、扔在沙发上就没有象征意义吗？象征难道还会消失？不会，只不过是没有了咨询师在旁边的观察、反馈以及专业的引导。咨询室只是人为地划分出了一个空间界限而已，象征并不会因为外界空间的不同而有所改变。当来访者走出咨询室大门，走在小路上，走在花园边，走到商店里，坐在汽车上、地铁里，甚至坐在飞机上，来到大海边……那外面的大千世界不就是一个放大而又没有明确界限的大型沙盘吗？

象征是什么？象征常常被界定为"某些代表其他事物的东西"，它所代表的其他事物，即我们内心的经验、感受和思想。

象征是存在于我们身外的事物，它所象征化的是我们内心的事物。象征式语言是一种由外在世界代表内在世界的象征，是我们灵魂与心灵象征的语言。

心理学家丛中说：当两个事物在人的内心产生同样的感受，其中一个事物可以代表另外一个事物，这是象征的基础。实质上，象征是在潜意识层面，忽略事物之间的差异性，按照内心体验在两个事物之间画等号的过程。一切以感觉为主线，这是潜意识的初级思维过程。

象征是人类自然地表现人、物或者概念等复杂事物的意象并传达其信息的媒介，是人类文化的衍生物。象征通过采取类比联想的思维方式，以某些客观存在或想象中的外在事物以及其他可感知的东西，来反映特定社会条件下人们的观念意识、心理状态、抽象概念和各种社会文化现象。象征是人类最原始、共有的一种语言。使用这种语言，是人类先天的禀赋和能力。人们无须训练学习，便可以轻易地借用一个"外部世界的图像"来精确地表达"某种内在的经验和感觉"。不是咨询室里玩沙盘时才有象征，不是在咨询室里画的画才有象征。沙盘和绘画都是在投射来访者的心理现实。沙盘是为了方便，在咨询室才用微缩的模型。模型是实物的一个替代物。象征是从实物中来的，实物才是本源。模型都具有象征性，模型都可以用来投射来访者的内心，实物怎么可能没有象征性呢？

投射不仅仅是一种临床心理现象，在现实生活中也广泛存在。我们每个人都在某种程度上，都生活在由自己投射所形成的感觉或想象的世界中。其中不仅有消极的投射，也有积极的投射。在心理学或临床心理学使用投射的时候，大多赋予了其狭义或消极的意义，将它理解为将自己内在的心理内容转移到别人身上，或转移到某种客观存在物的心理过程。投射者往往不知不觉地把自己的心理内容视为客观的现实，因而属于某种心理的偏差。投射具有无意识的性质，投射效应是在无意识中发生的，投射者并不能意识到这投射所带来的偏差。

在《列子》中有关于"亡鈇者"的一则寓言，它充分反映了心理投射在生活中的意义和作用。

人有亡鈇者，意其邻之子：视其行步，窃鈇也；颜色，窃鈇也；言语，窃鈇也；动作态度无为而不窃鈇也。俄儿而掘其谷而得其鈇，他日，复见邻人之子，动作、态度无似窃鈇者。

丢了斧子而怀疑是邻居的儿子所偷，因而他看那个人时，其走路像是偷斧子的样子，其表情像是偷斧子的样子，其说话也像偷斧子的样子，其动作和态度全都像偷斧子的样子。一种主观的意象就这样变成了客观的现实。但是，不久这个人找到了自己的斧子，于是他再看邻居儿子的时候，其一举一动、一言一笑，就一点儿也不像偷斧子的了。这个寓言所说明的，实际上就是心理投射的现象与机制。我们所看到的客观现实，往往受我们内在心理活动的影响。从心理角度看，一个完全客观的世界是不存在的，所谓客观的世界其实都带有主观的成分。所以阿德勒说："没有一个人是住在客观的世界里，我们都居住在一个各自赋予其意义的主观的世界里。"

正是利用了人类投射的心理机制和效应，才有了众多人格测验中的投射技术，并且在临床中具有广泛的应用。正是认为我们每个人都会在不知不觉或无意识状态中将自己的内在心理状态，包括我们的态度、愿望、心情和情绪等，投射到外在的事物或他人身上。

三毛是台湾著名作家，她写的撒哈拉系列散文作品，在读者中一直有很大的影响力。三毛在《白手起家》中谈到她和撒哈拉的因缘："我无意间翻到了一本美国的《国家地理杂志》，那本书正好是介绍撒哈拉沙漠的。我只看了一遍，我不能解释的，属于前世回忆似的乡愁，就莫名其妙、毫无保留地交给了那一片陌生的大地……撒哈拉沙漠，在我内心的深处，多年来是我梦里的情人啊！"我们可以看到，当三毛看到撒哈拉沙漠的图片时，她的内心和广阔无垠的撒哈拉大沙漠瞬间产生了深层次的"共鸣"，是一种主客体的"相融"。

在这里，我们可以思考一下：沙漠象征着什么？世界上沙漠那么多，为什么撒哈拉沙漠对三毛有那么大的吸引力？说到三毛，容易让人联想到"流浪"这个词（三毛，张乐平漫画《三毛流浪记》主人公）。三毛说过："心若没有栖息的地方，到哪里都是在流浪。"她的心的栖息地为什么会是撒哈拉大沙漠？三毛在社会上拥有众多的读者。在那些读者心中，三毛这个人和她的作品又代表着什么？

三毛看到撒哈拉沙漠的图片时，和撒哈拉产生了共鸣。当那些读者看到三毛的散文并喜欢上她时，也一定是认同了三毛的行为或者观念。三毛代表了他们心中的自由和奔放不羁，代表了外面未知而广阔的世界，代表了浪漫的爱情，代表了心中的诗和远方！

水：水最常见的象征就是情感和生命的滋养。跟水有关的会跟各种性质的爱有关，也和生有关。

沙漠：沙漠的特征是极度缺水，缺乏植物和生命。沙漠广阔且高温燥热，代表情感极度缺乏、匮乏，甚至是干涸的，而内在可能又炙热如火。沙漠还可以代表内心荒芜、孤独、空虚、寂寞、隔离、无望、被抛弃等。

咨询师观看一幅画或沙盘的时候，主要是看其中不太寻常或不太合理、不太协调的地方。意外也是在一个人的心理现实和外部现实不协调时才会发生，只不过是呈现在现实世界这个巨大的沙盘中。只有我们不接纳内在的情绪、情感时，它们才会被我们投射到外部的物质世界中去。

绘画疗法以画的形式将无意识具象化，是平面（二维）的特质，可以说是二维投射。沙盘疗法以沙具组合的形式将无意识以立体的方式呈现出来，是空间（三维）的特质，可以说是三维投射。

意外事件是在生活中的某个时刻、某个地方把无意识呈现在现实中，是空间（三维）立体加上了时间的特质，是四维时空的融合。意外事件发生的时间在心理分析中是一个很重要的线索，这个特点是意外心理分析所独有的。绘画疗法和沙盘疗法都没有这个特点。意外事件和绘画、沙盘都能投射出心理现实，都属于"心理全息"。

心理投射的应用范围比较：

绘画疗法——二维投射（咨询室里；画）

沙盘疗法——三维投射（咨询室里；沙盘模型）

意外分析——四维投射（任何地点；实物）

把现实生活中发生的各种意外事件当作心理咨询中分析的素

材，进行心理探索和心灵成长，将是心理学史上的一次大的思想跨越。

二、内外世界的联系

弗洛姆认为，心灵和物质经验之间有一种联系，物质现象通过本质相似性表达情绪和心灵经验，这种内在联系性具有跨文化的共通性。弗洛姆说：这种象征是外在于我们的东西，它们的象征物存在于我们的内心深处。外部世界是内在世界的象征，是我们灵魂和心灵的象征。物理世界的现象能充分地表达内在经验，物理世界可以作为心灵世界的象征，这并不令人惊讶。

荣格说过：内心世界与外部世界的活动之间、无形与有形之间、精神世界与物质世界之间的联系，各种事件以意味深长的方式联系起来。

在生活中，虽然我们周围的事物都具有象征性，但什么物品、什么时候发生意外很难提前预设。我们是通过意外这种现象来寻找心理原因，那些意外就是我们无意识所压抑的情绪点和问题点的外显。

一位女士要出差。她早上出门去机场之前，烧了一壶开水。因为爱人在家，她就寻思把暖壶的剩水倒出来，再帮他灌上新的。结果她倒水时，听见"啪"的一声壶胆碎了。她打开壶盖儿把碎的壶胆往外倒，发现一个大碴都没有，稀碎稀碎的，都成小渣渣了，也没有粘在外壳上。我说："水一般代表情绪和情感。暖壶是水的容器、保温的东西。壶胆碎了可能是代表什么事破碎、失败了。"她说："爱人有外遇已经很多年了。我为了孩子一直都忍着，没有找到合适的机会离婚。开始我想离婚，正好赶上女儿高考。女儿高考完，就想等她大学毕业再离吧。后来女儿大学毕业了，又面临结婚，那就等女儿结婚了再离吧。最近女儿又怀孕了。没办法，我还得继续等，等女儿生完孩子再说吧。我这婚多少年一直就没离成，这件事让我心里很郁闷。"

水：代表繁殖、成长、生命力、创造性、滋养等。水还代表情绪和情感，因为人的情绪和情感会起起伏伏，和水很像。

壶、瓶子、碗、盆这类中空的器皿代表女性生殖器，也可以代表女性。发生意外时它们的整体状态，可以看作是女性的整体状态。暖壶外部完整，壶胆破碎，代表她的家庭空有其壳，从外表看还是完整的，其实内部已经支离破碎了。家的大门可以代表家庭，不是有句话"不是一家人，不进一家门"吗？女人出嫁到男家叫"过门"，男方到女方家生活叫"倒插门"。她出门去机场的行为从心理角度看就是："出门"代表她要离开家庭（离婚）；坐飞机代表提升和改变；出门去坐飞机就是代表她受够了爱人的出轨，要通过离婚改变原来的生活状态！新水换剩水，这个行为的象征也是这个意思，就是她原来旧的情感（剩水）不想要了，想要开始一个新的生活（新水代表新的情感）。壶胆是壶的心。稀碎稀碎的壶胆代表她破碎的心。她一直想离婚，因为女儿最近怀孕而让她的这个想法破碎了。

一位女士对我说："去年带女儿去旅游时，我上台阶时被绊了一下，差点儿跌倒。右脚大拇指磕伤了，也没有流血，半年也不好。我觉得小磕伤不至于怎么严重。但是我总是感觉隐痛，时轻时重，有时半夜痛得睡不着。我的脚指甲一直健康，绝无灰指甲。于是，我总觉得这事有些蹊跷。"

我问她是什么样的台阶。

她说，就是一个古镇河边的小石桥。她是上小石桥台阶的时候磕伤的。

"脚是走路的，这个路可以代表人生的路。痛是生气、着急、恨、怕几种情绪引发的。身体上的痛和情绪的大小是呈正比的，就是说情绪越大，身体就会越痛。你想一想，能想到什么？"

"那就是我的婚姻破裂问题！"她接着说，"四五年前，我和老公有矛盾，彼此伤害很深。后来我们就离婚了。我对老公很失望，心里又放不下。他脑子转不过弯来，我们沟通困难。这次我们母女两个人出来玩。女儿有几年都没有见过他。没有女儿爸爸在，我也感到很遗憾，但又没法补救。这件事我很迷茫。"

"桥是象征沟通和联结的。你是在小石桥刚上台阶的时候摔倒的，这说明，你想和前夫沟通，但是很困难，想和他联结又联结不上。伤口半年不好，就是代表你内心想和好，但是没有办法和好。"我总结说。

"或许真是这样！"她兴奋地说，"这个解释真是很新鲜。心理课程里讲究象征的意义，没想到在现实生活中也是这样的。"

河流：象征时间，河流对岸象征心灵的彼岸，代表理想状态或精神生活。桥梁的实际作用是"连接"，从此岸到彼岸。桥梁的象征是"联结"，是沟通或者心的"联结"，从此心到彼心。桥梁还可以代表生活方式、生活阶段的改变，过桥代表着从现在的状态过渡到一个新的状态。人站在桥上：象征心理和精神状态发展过程中的危机或处于一种转变的关键时期。桥梁可以代表男性生殖器，它可以"联结两性的距离"。

发生意外的地点，我们过去一直以为是偶然的、随机的。但是，我研究后发现，不但不是偶然的，而且是有规律的，甚至还相当有艺术性，简直巧妙至极。

奈何桥是阴阳两个世界的联结。古人认为，彩虹是连接天与地的桥梁。传说中的"鹊桥相会"是天上和人间的联结、心的联结、爱的联结。"搭个桥""牵线搭桥"是指为了促成某事让双方认识。

　　1993年春晚，潘长江和黄小娟表演了小品《桥》。小品内容是：潘长江暗恋黄小娟多年。黄小娟出国前，潘长江在村头的小桥上向黄小娟表白又发生了误会。"桥"在小品里是个重要的道具和隐喻。两个人的互动中也多次提到桥。比如黄小娟说刚刚参加完"鹊桥会"，潘长江就问她："你去'鹊桥会'为什么不告诉我？"黄小娟故意说："'鹊桥'那边有人等我，这里的'桥'那边没人等我。"还有两个人提到小时候一起在桥上玩耍、过家家，一个人在桥这头当爹，一个人在桥那头当妈等等。后来当潘长江终于大声地说出来"我爱你"并且去拥抱黄小娟时，却掉在了河里。水代表情感，这个"河"就象征"爱河"，就是说潘长江战胜了怯懦后，沉浸在了"爱河"中。

　　桥的样式不同，象征上也有差异。从材质上看，石质的桥和木质的桥、钢铁的桥给人的感觉会很不相同。从造型上看，古代的石拱桥和现代的高架桥也会差异很大。石头：象征思维僵化和固化，没有活力，坚硬、冷漠和不近人情。我们不是经常形容那些顽固不化的人的脑袋是石头做的吗？古镇小石桥给人的感觉是外表朴实厚重，但骨子里很传统、守旧、冰冷和僵化。这个意外发生在古镇小石桥，而且是她刚刚上台阶的时候，从潜意识上解读就是：她虽然和老公离婚了，但为了自己和孩子，她内心是想和老公和好的，想从此岸到彼岸，想从离婚到复婚。但是老公脑筋僵化，不理解她的意图。这就让她想和好也没有什么办法，所以就出现了脚趾磕伤半年都不好的怪事。她在古镇小石桥"刚"上台阶时就差点儿摔倒，就是说她想和一个像古石桥一样传统、守旧、思想有些僵化的前夫联结、沟通，刚想开始就失败了。

意外发生在哪里，我们好像没法控制，但是不同的地点代表的象征意义不同，我们可以通过这个线索，找寻其心理原因。因为意外发生在什么地点，其实是潜意识的选择。

这个意外分析，其中"桥"的解读是关键。我就是把沙盘治疗中"桥"的象征，延伸、应用到了现实层面的意外上。

下面这个案例发生在户外的连接走廊：

一位男生在微信朋友圈发了一条信息，说他刚刚从一只猫的嘴里救下一只鸽子，还发了几张照片。我和他取得了联系，说想研究一下，他答应了。他说他正在中国一所有名的佛学院里，刚才路过一个走廊时，发现一只猫嘴里叼着一只鸽子。鸽子在不停地挣扎，地上还有散落的很多鸽子羽毛。他就把那只鸽子救下来放飞了。我问他去佛学院做什么。他说自己一直对佛学非常感兴趣。他从小就对出家很是向往，但是父母不同意。他和父母几经商讨之后，决定先去佛学院学习。因为在佛学院学习毕竟和真正出家还不太一样。父母看他态度坚决，只好同意。他现在正积极准备明年佛学院的入学考试。我对他说："走廊就是两个场所之间的通道，从此地到彼地的转换空间，正好可以对应你目前的这种生活状态，就是介于工作和考入佛学院之间的那种状态。"他说是的，这个佛学院他已经来过几次了，感觉很不错。这是他在明年考试前的最后一次考察，特地再来感受一下这里的佛学气氛。最后他又补充道："我感觉，我救的那只鸽子很像我自己。我现在的工作还算不错，但不是我真正想要的，内心一直挣扎迷茫。如果明年我考上了佛学院，我就可以获得精神上的自由了。"

走廊：常被看作是生命中一个阶段到另一个阶段的通道，是一个资源性的转换。

鸽子：象征和平、宁静、和谐与纯洁（特别是白鸽），还象征自由和洒脱。

猫：常用来象征某些人的特性，尤其有相似气质的女性，比如野性、慵懒、神秘、性感迷人、温柔乖巧等。本案例中的猫是凶猛的捕食者，表现出来的是残忍的一面。

对于会飞翔的鸟来说，施展才华、展现自我的空间永远是天空，而不是在地面（天空和鸟可以象征精神世界，地面可以象征现实世界、物质世界）。父母的反对、社会的压力让他内心挣扎（儿子要出家，做父母的都很难接受吧！况且他还是独生子。从社会性上说，赡养父母、照顾老人也是做子女的责任），就像那只在猫嘴里挣扎的鸽子一样，这只鸽子的处境就是他自身处境的映射。猫对人来说只是一种宠物，可是对鸽子而言，猫却是强大、凶狠的捕食者。此时这只鸽子在地面上被一只猫死死地咬住，它拼尽全力想飞走却很难挣脱。这个情境，代表了他所向往的精神世界被世俗生活、世俗观念牢牢地钳制，很难脱身。他救下鸽子，然后把鸽子放飞天空，其象征意义是：他在努力拯救自己（鸽子代表他的精神层面）的命运，好让自己的精神世界达到自由。他采取的策略就是一种折中方式：不直接出家，先考佛学院。这里鸽子代表的是他想出家的精神欲望，是他的"本我"。猫则代表着他强大的超我。救猫时的他代表的是自我。救鸽子的整个过程，象征的正是他的"自我"想办法协调"超我"压制"本我"的过程。

人的很多行为，都是在意识之外而受到无意识驱使的，而本身对此并无觉察。

一个意外的发生包括时间、地点、人物和事件这四个要素。这四者，看似偶然随意，实则精巧缜密。意外不会随随便便地发生在一个任意时间、任意地点的，时空的背后都是有意义的。我们可以通过这些要素的不同线索，来找寻其发生的心理原因。这两个案例就是关于"场地"象征性的比较典型的案例。

意外可能发生在任何地方，而不论在任何地方，都有其象征意义。比如两座山之间的山谷，两侧的山可以象征一种保护，让我们感受不到外界的危险，使我们产生安全感和舒适感，也可以代表禁止我们离开、出去的孤立高耸的隔离墙。于是，山谷就成了桎梏、监禁的象征。此外，从形状上看，山谷中间凹陷，两边高耸，还可以代表女性生殖器官。如果你是在一个小胡同发生了意外，可能代表你的生存空间太小，生存空间受到了挤压，或者你陷入某种困境。如果你是在一个空旷无人的广场上发生意外，可能代表你正处在孤立无援、没有帮手或者孤芳自赏的情境中。如果你在拥挤的街道上发生意外，可能代表你处在竞争激烈的生活环境和社会环境。

我们一直以为象征是一种艺术表现手段，只存在于绘画、诗歌、小说、戏剧、电影等艺术中。我们很难想象的是，现实生活中居然也是如此。我们一直生活在一个"象征的世界"里而浑然不觉，对生活中的象征视而不见。是的，你无论闭着眼睛做梦，还是睁眼看到的大千世界，一切皆是象征。你的衣、食、住、行……头顶的蓝天、脚踩的大地、看到的闪电、听到的雷鸣，你能感知到的一切，从心理角度看，背后都具有象征性。

现实世界是一个放大了的沙盘，沙盘是一个缩小了的现实世界。从象征性上看，两者并没有什么不同，都能投射出人的内心世界。人的内心世界可以投射到沙盘上，可以投射到画面上，还可以投射到现实世界中。意外心理分析和绘画疗法、沙盘疗法以及梦一样，都是内心的投射，它们又具备各自的一些特点和规律。

沙盘是一个小小的世界，现实世界是一个巨大无比的沙盘！

咨询室中，沙盘可以投射、呈现来访者的内心世界，是来访者的一种主观的、有意识的呈现。在现实世界中，不管你愿不愿意，你的内心世界也投射在其中，是一种被动的呈现。

在沙盘室，我们可以俯视沙盘，在室外，我们环视、仰望着世界！我们从沙盘室走出的时候，不是走出了小小的沙盘室，而是走进了一个大的、真实的、全息的"沙盘"。在沙具和实物的比较中，我们和沙具的大小比例，只是做了一个相对的改变而已，没有本质上的区别。在沙盘室，我们在控制、调整着沙具；在室外，我们被控制、我们被调整（指遭受一些意外的时候）。

有了心理问题，我们才会寻求咨询师的帮助。你遭受意外，以后同样可以找懂得意外心理的咨询师寻求帮助。沙盘是媒介，沙盘呈现的问题才是重点，咨询师通过解读沙盘找到来访者的问题所在，再进行疗愈。现实世界也可以看作一种媒介，你只要出现了问题，都可以找咨询师疗愈，包括各种身体疾病、心理疾病、梦和各种各样的意外。

你周围的一切就是你的潜意识，你眼前的世界就是你的潜意识，现实世界通过意外的形式，用象征的语言把潜意识呈现了出来。它比梦更直接，更形象，也更真实。

三、意象与意外

表象是事物不在面前时，人们在头脑中出现的关于事物的形象。表象具有直观性，也具有一定的概括性，是从感知过渡到思维的中间环节。

所谓意象：是指"大脑对不在眼前的事物的形象的反映"。"意"就是内在的抽象的心意，"象"就是外在的具体的物象，意象指主观的"意"和客体的"象"相融合的心象，即意中之象。"意"源于内心并借助于"象"来表达，内核是"意"，外层是"象"。

意象并不是我们通常认为的"想象"，一般我们想象的时候，会沉浸在想象出的一种氛围中，并追随着想象的内容。当想象停止时，我们都会认为这是虚幻的。意象是认知主体在接触过客观的事物后，根据感觉来源传递的表象信息，在思维空间中形成的有关认知客体的加工形象。意象并非幻影。意象是主动的开始，并且对看到的内容进行充分地体验和觉知。当意象停止时，会引起你的注意和探索。比如让你想象一个动物，你可以尽情地想象出一个你喜欢的动物，比如孔雀、天鹅、龙等。同样，用"动物"做意象，是意识或潜意识被外界引导后等待大脑中动物形象的出现，出来什么就是什么，出来的可能是自己一直讨厌或者原来根本想象不到的一种动物。对呈现出来的动物有什么样的感受则是我们所要探讨的，还有就是这种动物对你来说有什么意义。

意象就是蕴含象征意义的形象，可以反映人意识中或潜意识中的心理活动。梦境就是一种意象，解梦的过程就是充分体验、感受梦中意象的过程。弗洛伊德就是从梦这种特殊的意象开始研究的。他发现梦里的意象和人潜意识中的心理活动息息相关。

"意象对话"是由我国心理学家朱建军创立的一种心理咨询与治疗技术。它是从精神分析和心理动力学理论的基础上发展出来的。它通过诱导来访者做想象，了解来访者的潜意识心理冲突，对其潜意识的意象进行修改，从而达到治疗效果。

梦是一种潜意识的语言，释梦就是把它翻译成我们可以理解的语言。可是我们怎么证明这个翻译是正确的呢？如果这个假设是正确的，在催眠中由一个词产生一个形象，另一个人再将这个形象转换为一个词后，意义应该和原来的词相近。经过朱建军的实验，结果是肯定的。他的实验说明，我们完全可以把催眠中出现的意象当成梦的意象来分析。这样的话，来访者有梦我们可以分析梦，没有梦的时候，我们对来访者直接催眠就可以了。

后来朱建军认为催眠很费时间，于是他尝试着只做浅催眠甚至不催眠。他让来访者自由放松地想象，看想象出来的意象是不是和催眠、梦中的意象是同质的。结果恰如他的预想一样。于是，他觉得没有必要释梦了，甚至也不需要经过长时间的诱导来催眠了。释梦有很多局限，比如记得记不得，而现在这完全不必要。他只要让来访者想象出一个意象，他就可以做解释了。对这个意象的解释和释梦一样，可以揭示出来访者的内心活动。

弗洛伊德说过，梦是和潜意识沟通最直接的方式。我们会发现，从释梦到催眠，再从催眠到意象对话，可以说都是意象，只是意识状态有所不同，是逐步从很深的意识状态到清醒状态的过程。因为意象对话基本处于浅催眠状态和清醒状态，只要熟悉了意象对话这种方式，来访者都不需要闭眼，只需要把当下心中出现的意象和咨询师交流即可，和正常谈话在形式上没有什么区别，就可以达到和释梦、催眠几乎一样的效果。

可以这么说，意象就是人的心理世界的形象化，我们称其为"心理现实"。在释梦、催眠以及意象对话时，是来访者用语言把其心理现实拿出来和咨询师谈论。在房树人测验或沙盘疗法中，来访者是把心理现实投射到纸上或沙盘上，然后咨询师以来访者画出来的画或摆出来的沙盘为中心，和来访者进行交流沟通。

人的心理现实是相对稳定的，至少在一段时间内是稳定的。

如一位女士的服装搭配，她之所以买某种风格的衣服，是她内心里早就存在了一种服装审美。而这种审美，她认为和她本人是搭配的。她在商场不停地试衣服，是因为那些衣服和她的心理现实不匹配。什么时候两者匹配了，什么时候购物才算结束。心理现实和客观现实发生错位的时候，就是各种意外容易发生的时候。它们之间的错位越大，发生意外的危害性可能就越大。

我一直把意外称为"现实的梦"，把意外看成当事人的心理意象来做心理分析。从意象的角度看，梦、催眠、意象对话和现实中发生的意外是一脉相承的。

梦——睡眠状态

催眠——深度催眠状态

意象对话——浅催眠状态、有时是清醒状态

意外——清醒状态

从梦、催眠、意象对话到意外，可以说我们解读的都是内心的意象，用的都是象征性的语言。只是人的意识状态不同，是由潜到显的层次递进。

狭义的意象，就是主动地在人的头脑中浮现出的画面及画面中的内容，也可以表示其他感觉的心理"形象"，如听觉意象、体觉意象、触觉意象、嗅觉意象、味觉意象等。有的画面是人的大脑中不经意出现的。当你主动去捕捉和体验它时，也视为意象。

当事人谈论、回忆起来的意外事件只是表象。当事人主动捕捉、体验意外所带来的感受时，这些表象就成为他内心的意象。我的意外分析思路就是：在咨询室里用分析梦的意象、催眠的意象、意象对话中的意象的方法和技术，来分析现实中的意外，把现实中发生的意外当作一种意象来分析。

第五章　潜意识的发展

一、外面没有别人，只有自己

弗洛伊德是最早把梦作为分析素材进行内心探索的开拓者。在解释和揭示来访者人格结构现状及变化规律方面，荣格的分析心理学、完型心理学等推动了释梦的理论和实践方面向前发展，成为现代释梦理论的重要组成部分。

荣格说：本质上，做梦是主观的活动。梦就是一个剧院，做梦者既是舞台，又是演员、音响师、导演、编剧、观众和评论家。这个简单的事实就是认识梦的基础，我把它称为主观解释。主观解释赋予所有的梦中人物以做梦者的人格特征。

荣格认为，梦是做梦者内心世界的一种表达，梦里的每一部分都可以看成是做梦者自身的一部分。完形疗法的代表人物美国精神学家皮尔斯认为，人类的本质乃一整体，每个人生活的现实、感知和行为不是各个分离的部分，而是一个具有意义的整体。皮尔斯强调，梦有象征意义，是人格的投射。梦中的人、物等各个部分代表我们人格的各个侧面。梦中出现的每一个人和每一种事物，都是我们自己和现在生活的一种投射。

梦中的人物应该被理解为，我们内在现实的不同方面或特质的呈现，否则我们不可能梦到他们。我们把荣格、皮尔斯等人的释梦理论、释梦思路移植到对意外的心理分析中，那就是：意外中出现的人物也可以被理解为，我们内在现实的不同方面或特质的呈现，否则我们不可能遇到他们。整个意外都是属于当事人自身的一部分。我们可以把意外中出现的所有元素看作是我们自身内在剧场在现实中的投射，可以把意外事件中我们或别人所做的事情，都当作我们内在的一部分，意外中出现的所有人物，可看成当事人的人格侧面来分析。

梦在表达、谈论我们自身，整个梦都属于做梦者，梦中所有的人都是自己，都是自己不同的人格侧面。比如警察是道德的维护者、代表我们的超我。小孩代表我们的本性部分，也就是本我，也可以代表我们的"内在小孩"，还可以代表过去的自己、不成熟的自己。父母可以代表我们的"内在父母"，还可以表示未来的自己。兄弟姐妹、朋友、同事、熟人、陌生人在梦中都可以代表我们的某一种人格侧面。我们应把梦的所有元素看作是我们自身内在现实的投射。虽然这不是释梦的唯一途径，但的确是一种行之有效的方法，或许是从事梦的研究的最佳途径。一个女性梦见在路上被色鬼骚扰，周围的人不管，后来她跑掉了。分析这个梦时，梦中出现的所有人代表的都是她自己。色鬼代表做梦者心中无法满足的性的欲望，而逃跑的她代表她在努力回避、压抑性的欲望。周围不帮忙的群众，则是代表她性格里怕事、懦弱的一面。

这种分析是有现实依据的。在日常生活中，有的人早就有一种感受——自己的心理不是单纯的，性格是多面性的、复杂的。有时候，你也许是一个很文静的人，但是在其他时候，你也许是一个很疯狂、很富有激情的人。好像在这个身体中，活着的不是一个灵魂。在遇到犹豫不决的事情时，我们甚至可以觉察到仿佛有两个人在争论，一个说要这样做，另一个则表示反对。

人格意象分解作为一种心理咨询技术，把性格的各个侧面都人格化了。每一个子人格都会在想象中有一个自己的具体形象，仿佛他是一个独立的人。它可以让我们清晰地看到，原来人的内心中，实际上有许多不同性格的子人格存在。我们的性格之所以那么复杂，就是因为在内心中有不同的人，他们有不同的性格。

多重人格障碍是心理疾病的一种，表现为一个人身上显示出两个或两个以上不同"角色"的人格特点。这些不同的"角色"各自有着自己的行为习惯、思考方式、自己的生活环境和对自己的认知，轮番主导一个人的行为，犹如"在一个身体里住着几个灵魂"。这样我们就可以把多重人格障碍看作是一个肉体中装了多个灵魂。它们轮流来享用、驱使一个肉体，每个灵魂都有自己的名字、性格、年龄，甚至还有自己的语调和口音。有一个叫比利的美国人，居然在他的身体里同时住着24个人。他是世界上第一位在四名精神病医生与一名心理学家共同见证下接受彻底检查的多重人格障碍患者。他是美国历史上第一位犯下重罪但因人格障碍而被判无罪的犯罪嫌疑人。他改变了美国的司法条例，极大地影响了美国关于精神病辩护制度的讨论。他还写了两本书《24个比利》和《比利战争》，来揭示自己的24个人格。

人是一个整体，但为了适应环境，有些心理活动发展了，就成了显性人格。还有一部分心理活动被压抑了，就成了隐性人格。寻找伴侣时，人们总会被特定的人吸引，尤其会被那些性格与自己截然相反的人吸引。大家可以发现，一对伴侣多是一个慢性子，一个急性子；一个爱说话，一个不爱说；一个理性，一个感性；一个勤快，一个懒；一个没主见，一个性格果断……其实这就是显性人格和隐性人格的问题。如果能够接纳对方，婚姻就会非常幸福和谐，其乐融融。如果不能接纳对方，两人就会冲突不断，痛苦不堪。是否接纳对方，本质上是能否接纳自己的隐性人格部分，所以配偶是你的子人格。对于孩子，很多父母投射了大量的期待，要孩子优秀，要孩子成功，好完成自己没有完成的使命和心中的遗憾，所以孩子也是你的子人格。同理，父母是你的子人格，兄弟姐妹也是你的子人格，同事是你的子人格，邻居也是你的子人格，你认识的人是你的人格的一部分，你不认识的人也都是你的人格的一部分。

人只会为自己做梦，梦境是属于做梦者的。意外也可以说是属于当事人的。不管是主体性意外还是客体性意外，不管和谁有关，在意外分析时，都可以把意外涉及的人都看作自己的人格侧面。推而广之，事件中涉及的动物、植物、各种物品同样都表示我们自己的一部分，它们象征我们自身心灵不同的方面。

二、潜意识的思维模型

科学是不断发展的过程。科学的精神就是探索未知，质疑已知。所有的科学理论都来自大胆的猜测，都是始于某种"假说"（科学假说是指"根据已有的科学知识和新的科学事实，对所研究的问题作出的一种猜测性陈述。它是将认识从已知推向未知，进而变未知为已知的必不可少的思维方法，是科学发展的一种重要形式"）。如果这个"假说"解释的各种现象范围越广，它的价值也就越高。进化论、黑洞、暗物质、宇宙大爆炸等众所周知的科学理论，目前都还未被证实，只是"假说"。

在现代心理学史上，最重要的人物莫过于冯特和弗洛伊德。冯特因为把科学研究方法引入心理学研究而使心理学从哲学中脱离出来，成为一门独立的学科。弗洛伊德则因为把心理学的研究带进了人的深层精神世界，即潜意识领域。精神分析的前提是有两个基本假设：一是心理决定论；二是潜意识的存在。潜意识不同于科学方面的假说，潜意识是人类的心理模型。

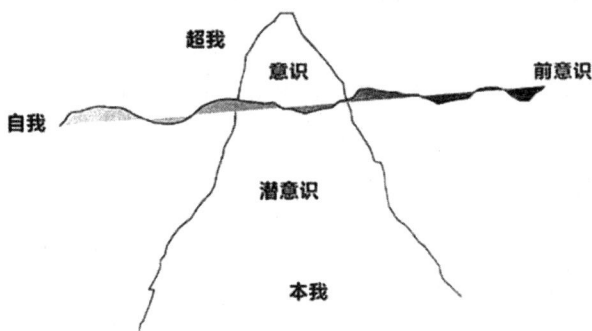

弗洛伊德潜意识冰山理论图

弗洛伊德的潜意识理论把人的整个意识比作一座冰山。意识是浮在水面上的。水面下看不见的绝大多数部分，就是潜意识（无意识又可以划分为前意识和潜意）。弗洛伊德认为潜意识的内容包括人的原始冲动和各种本能（主要是性本能）以及被压抑的各种欲望，而且被压抑的内容更多是童年早期个体所受到的性挫折或与性相关的消极记忆。从一定意义上说，弗洛伊德的潜意识理论是个体潜意识理论。

弗洛伊德的人格结构说是倾向于针对欲望、本能、冲动等人的生物性的理论学说，所以人们称弗洛伊德的理论过于偏向生物性，缺乏社会性。而荣格更强调社会因素，突出心理结构的整体性。他认为，个体潜意识其实依赖于更深的层次。他提出了"集体潜意识"理论。

荣格认为，人格结构由三个层次组成：意识（自我）、个人潜意识（情结）和集体潜意识（原型）。这和弗洛伊德的提法有所不同。荣格曾用岛打了个比方：露出水面的那些小岛是人能感知到的意识；由于潮来潮去而显露出来的水面下的地面部分，就是个人无意识；而岛的最底层是作为基地的海床，就是我们的集体潜意识。"集体潜意识"是人格结构最底层的无意识。集体潜意识不是个体后天习得的，而是由种族先天遗传的，是祖先祖辈辈的活动方式和经验在人脑中留下的遗传痕迹。它反映了人类在以往的历史演化进程中的集体经验。集体潜意识是种族共有的，是集体共有的。它的主要内容是各种原型，即本原的模型，其中最有名的有四种：人格面具、阿尼玛、阿妮姆斯、阴影。

人格面具：是荣格分析心理学的重要概念之一，和阴影对应。阴影代表人的动物性。人格面具代表人的社会性，是人在社会化的过程中形成的。人格面具是人在公众场合所展现的面具或者外观，其意在于呈现于己有利的形象。这样，社会就会悦纳他。我们也可以把人格面具称为从众求同原型。

阿尼玛：是男性心灵的女性一面（意象）。

阿尼姆斯：是女性心灵的男性一面（意象）。

阴影：指人的内心深处那些被压抑的阴暗的想法或不被接受的邪恶欲望，类似弗洛伊德的本我。

弗洛伊德的"个体潜意识"理论和荣格的"集体潜意识"理论可以解释很多心理学临床上的以及生活中的很多现象，在心理学史上占有重要地位。可是很多现象用他们的理论模型却没有办法解释。

一位女性朋友和女儿在马路上捡到一本挺有名的儿童小说《青铜葵花》（曹文轩著）。那本书正好是女儿很喜欢，并一直想要的。女儿捡到书后特别开心。以前女儿和她说过好多次要买这本书，但是她认为给女儿买的书已经很多了，就一直没有给女儿买。

捡到的东西正是自己需要的东西，弗洛伊德也注意到了这种现象。在他的著作《日常生活心理病理学》中也有这样的案例：

不仅丢东西是由一定的心理因素决定的，而且人们拾到东西也是有一定的心理原因的。一个女孩很想买一个首饰，但她发现买不起，还差两个金币。她心情悲伤地回家，走过一个熙熙攘攘的广场。她突然发现，广场上有一张纸。她从上面走过，又转了回来，将它捡了起来。她吃惊地发现，这是两个金币的单子。她想：这是上帝的安排，我可以去买那个首饰了。

是啊！街道的灯光那么黯淡，人群那么嘈杂，在那么多人中，唯独她捡到这些钱。捡就捡吧，不多不少，又恰巧是自己最需要的两个金币！这用弗洛伊德的潜意识理论该如何解释？

这是荣格的一个案例：一位上层社会的夫人来找荣格，说她当过医生。大约二十年前，她为了得到朋友的丈夫，毒死了这个朋友。她也如愿嫁给了那个男人，但是他不久就死掉了。在以后的时间里，一系列奇怪的事情发生了。他们婚后所生的女儿一长大，便设法离开了她。女儿年纪轻轻就结了婚，然后搬到一个她找不到的地方去了。这位夫人是个女骑师，拥有几匹她极为喜爱的马。有一天，她发现，这些马在她乘骑时会变得不安。甚至连她最为宠爱的那匹马也躲着她，并要把她摔下马来。最后她只好放弃了骑马。从此她便开始喜欢狗。她养有一只她极为喜欢的猎狼狗。但是仿佛命中注定了让她不愉快似的，这只狗不知怎的就瘫痪了。她感到，她要向人坦白，她是个杀人犯。于是她便来到荣格这里咨询。

这个案例的当事人暗中毒死了朋友。最初，身边的人远离了她，后来竟然发展到动物。好像它们也"知道"她的罪行一样，开始疏远、嫌弃她，让她身陷孤独而无法忍受。这个案例已经明显超出了弗洛伊德的个体潜意识和荣格的集体潜意识的范围。这是用传统心理学理论难以解释的，而这类事件在生活中还有很多。

牛顿的万有引力定律能够解释我们所观察到的好多天文现象，曾一度被认为是宇宙公理。然而，对水星轨道的运动、光线在引力场中的弯曲等现象，万有引力定律却始终无法解释。后来相对论就出现了，用相对论几乎能比万有引力定律精确地解释我们所观察的所有天文现象，但它又不能解释微观现象。因此量子力学理论似乎又比相对论更接近于真理。

从科学的规律看，物理定律都有其范围，都有其适用性，都是在一定范围内的真理，都是局部真理。只要超出了它的适用范畴，就会有新的理论出现，并且丰富、完善、更新旧的理论。无论新理论，还是旧理论，总是有一脉相承的痕迹可循。

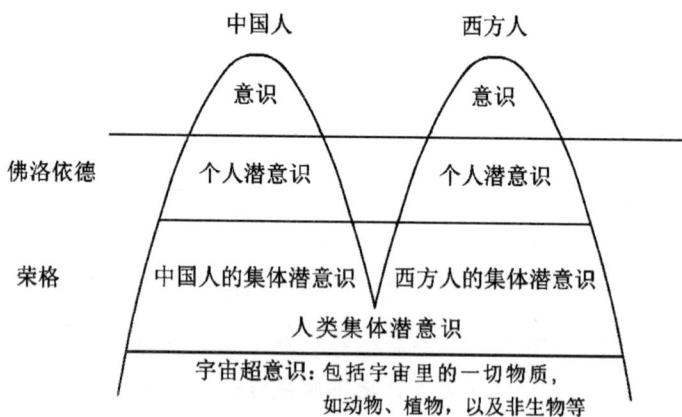

人类的心灵层次图

前人的研究是有价值的，而且是我们宝贵的资源。当很多生活现象用传统的潜意识理论模型都无法解释的时候，说明其理论有不足的一面，就是适用范围窄，广度不够，所以对许多事件的解释显得无能为力。因此我们要打破这种界限，在传统的潜意识模型的基础上，把潜意识的适用范围扩大。

从宏观上说，无论用什么理论解释宇宙是如何产生的，也都会有一个原本具足的本源的存在。宇宙本源蕴藏着一切可能性和一切不可预知性。

人是一个有机的整体，人与大自然是一个有机的整体，这是最朴素的哲学，是全人类的共识。我们现实世界的真正本质是全然的整体性。你可以发现，你找不到任何一个独立存在的个体，也找不到任何一件独立存在的事情。天上的日月星辰、风雨霜雪，地上的飞禽走兽、花木虫鱼，都与人有一定的关系。宇宙中发生的任何一件事情，其实跟每件事物也都是相关联的。这个世界没有所谓"单一事件"，每个人、事、物，都是息息相关的，万事万物都是相互依靠而生存。

世界是由各种大大小小的系统组成，任何一个生命或者事物都处在无数的系统之中。世界就是这样一环扣一环，在不断地循环中生生灭灭。人是如此，世界也是如此。对于地球来说，人类只是地球漫长历史中的一个过客。对于宇宙来说，地球又是宇宙漫长历史中的一个过客。我们只是宇宙这个系统之中的一小部分。宇宙宏观上是无穷大的，微观上是无穷小的。

做梦时，我们沉浸其中，浑然不觉梦是个虚幻的世界，意识不到梦中的人、事、物都是我们自己的意识创造出来的。人类和自然相比，和广阔无垠的宇宙相比，非常渺小。在意识的系统之中，生命意识是个体意识。在个体意识之上，有更为广阔的宇宙意识。个体意识是宇宙意识的一部分。宇宙意识是大海，个体意识是浪花。

第六章　身体意外和"比类"

我们的身体一直在表达我们的心灵，身体与心灵之间有不可思议的互动。古人说的"身心合一"，其实就是身体和心灵的高度协调。本来身体和心灵是一个整体，但由于欲望和心念的干扰，导致我们过分在意外在的事物，从而让内心失去了平衡，导致"身心分离"。结果就是身体出现了各种病症，或者引发了各种意外。

身体是我们与内在的交流工具。身体不是机器，也不是一个躯壳。它有一套非常聪明智慧的运作机制，可以表达出我们的所思所想。身体所出现的症状是给我们警示。身体出现问题的地方，就是我们要疗愈的地方，也是我们心理冲突在身体上的反应。未被解决的心理冲突是所有疾病的开端。正是这些负面的心理能量使肌体内部形成了细胞变异。一旦找到这一动因并加以转化，症状就会迅速减弱并逐渐消失。

一、心身之间的对应

身体是可见的心灵，心灵是不可见的身体！

人的身心发展是相互象征，相互印证，两者密切相关。

对于身体疾病，身体的每一个部位、每一种感觉、每一个症状都是宝贵的信息，都是线索，都在说话，都在倾诉，就看你是否能够听懂它，理解它。身体是通过酸、麻、胀、痛等感觉来表达。身体语言就是潜意识给意识打来的电话。你只有听懂它的语言才能知道它到底"怎么了"和"为什么这样"。

人是一个有机的整体，身体和心理是对应的。当我们出现情绪的时候，身体同时也在发生着某些定向变化。当一个人害羞的时候，会有脸红、脸热现象和心跳的感觉。这是气血被此时的心情定向地引导向脸部的结果。心跳加快就一定会脸红吗？当我们突然被吓一跳时，心会咚咚跳，但是脸会发白。这是害怕的心理把气血定向地引导向肾的结果。就是中医里的"恐则气下"的论述。我们可以得出：人的各种不平静的心情，会使身体里的气血按一定的规律被导引向身体的某个部位，但这不是身体内气血运行的自然的正常状态。多次或者常年的心情波动而导致气血的非正常运行，会使人体的相应部位或者内部器官受到伤害，最终产生器质性病变。身体的各个部位都具有象征性，比如双肩、脊椎是躯体负重的部分。因此，人在生活中有了"抗不动"或者"支撑不住"的感觉时，肩或脊椎就容易发生疾病或者意外。有的人后背越来越驼，内心可能有"不堪重负"的感觉。跌倒或者绊倒的象征意义也很明显。你是因为什么跌倒了？很多人因为"站不住脚"而滑倒，还有人"被别人绊倒"，甚至有人"被自己绊倒"。吃饭咬到舌头或者腮帮，可能源于说错话的自惩心理。一个人切菜切到了手指，一般是自己做了什么"不该做"的事，或者因不想做某事而想逃避。

人体的不同部位、不同器官就是这样象征、隐喻着一切。任何一个病症或者意外，都不是无缘无故地被制造出来的。

有位女士喝水被呛到后联系我。我帮她分析后找到了其心理原因：她有个四五岁的小儿子，一向比较规矩。这两天不知道怎么回事儿子变得非常捣蛋，而且老对她说："我打死你，你懂个屁!"这让她很无语，不知怎么应付。原来儿子是和姥姥学的。她家保姆回老家了，姥姥过来帮她做饭。姥姥没事老爱逗小外孙说："你懂个屁!"结果她儿子学会了，现学现用，一转身就用在她身上了。

呛：排斥，不接受。

被她儿子说的话呛到，她的心里有了情绪。这个没有被她觉察的情绪就适时地制造了一次小小的意外。

一个中年男人额头上最近一个劲儿长包，又发生了溃烂，于是来问我是什么原因。我说："你最近一段时间是不是被一些事情搞得有点儿焦头烂额呢?"他说确实是。这一段时间他的公司里出现一些麻烦事，有处理不完的事情。现在他母亲突然又得了大病，住院了。这些事让他身心疲惫。

"焦头烂额"一词，是形容目前的处境十分的狼狈窘迫。它的本意是头部烧伤严重，烧焦了头，灼伤了额。可是他因为最近不好处理的事很多，忙得"焦头烂额"时，他的额头居然和他的内心同步，真的发生了溃烂。

一位女士接连几天手部不断受伤，先是洗脸时被化妆品的盖子磕掉了手指上的一块肉，紧接着做饭擦土豆时又擦掉了手指上的一块肉，泡茶又把大拇指指腹烫了一个泡。我告诉她：手是做事的。反复出现这样的事，是不是家里有些事不想做？她说自己最近特累，非常不愿意做家务。

人的潜意识可以把内心情结形成身体症状和外部现实。疾病就是潜意识在身体上象征性的体现。你的内心是什么样子，你的身体就是什么样子，你的外在就可能呈现出什么样子。

一位女士最近几天吃东西、喝水时总往衣服上留下污渍和水迹，就好像嘴巴漏了一样，问我这是咋回事。我说是不是你什么话说漏嘴了？她说有个同事一贯看不起别人。几天前，那个同事炫耀她有个朋友多么厉害，和她的关系如何好，怎么帮她。看着同事那种嚣张跋扈的样子，她实在憋不住了，就告诉那个同事，她提到的那个朋友是自己的一个近亲。不过说完她就后悔了，认为自己是个学佛之人，不应该争强好胜。

我们的各种异常行为可以暴露我们的内心。不管是出于什么动机，只要内心失去了平衡状态，就有可能在现实层面出现状况。这个案例就是她因为说漏嘴了而自责后悔，其后在行为上出现了一些过失。

这是一个很有意思的意外。一位女士早上骑共享单车去汽车站坐公交。她在树下放车子的时候，突然掉下来一坨鸟屎，正掉在她头上。准确地说是鸟屎掉到了右耳朵连带上面的一片。这让她感觉倒霉又晦气。但是她想知道这代表了什么，就和我联系。

"屎一般可以代表钱财。耳朵跟听有关系。你想一想，有什么和钱有关的事吗？"我说。

"我最近和钱有关的就是一家保险公司。我有个朋友在这家保险公司工作，说过几天保险公司有个十天理财课，不光免费听课不用交钱，听完还送两千块钱。我一直对理财很感兴趣，在家我也没别的事，所以就很开心地答应了。"

"这是一件好事，你朋友是什么时候跟你说的？"

"她前天和我说的，确实是件好事。巧的是，我早上要去的就是这家保险公司。"她笑着说。

左面一般代表男性，右面一般代表女性。"你右耳朵那里被一坨鸟屎砸中，用象征语言翻译过来就是：你听到了一件从天而降的、和钱有关的好事。"我最后给她做了解释。

耳朵：跟听有关系，包括想听、不想听、爱听、不爱听等。

屎：一般可以代表钱财，"视金钱如粪土"。

看似偶然的意外绝非偶然。偶然只是表象，其实大有深意。我们会发现，这个意外发生的时间、地点以及那坨鸟屎落在她身上的位置，都是非常巧妙而且有象征意义的。

在心理投射测验中，无论是绘画疗法还是沙盘疗法中的位置非常重要。画面中的上、下、左、右都是有象征意义的，这些象征意义来源于对人心理规律的总结。

在中国历来讲究男左女右：左为主、为大、为尊，右为客、为小、为卑；戴戒指、男左女右；上公共厕所，男左女右，结婚照和结婚时站位，男左女右；中医诊脉也是讲究男左女右。自我们记事起，男左女右就像吃饭穿衣一样，已经约定俗成地渗透到我们生活的各个方面，形成了习俗。这个习俗，上可追溯到战国时期，已经有两千多年的历史了。"男左女右"的观念是我们中华民族的集体潜意识。

"男左女右"在心身对应的关系上很重要，把这个的规律应用到人体，可以解释说明人体的生理功能或病理现象。身体的这个规律，不仅包括身体的各种症状，还包括身体的意外受伤。伤在身体的左面还是右面，我们过去认为是偶然的、随机的。可是我发现，这些都是有心理意义的，带有象征性的。

一位女士一个月前把腰扭了，一直不见彻底好转。那天晚上她和老公、儿子在家附近的饭店吃饭。饭店附近正修路，没地方停车。有一个地方可以停下车，但有块大石头。她以为能挪动它，结果把腰扭了。扭伤的是后腰偏左的位置，很酸痛。现在坐着也痛，站着也痛，最后只能趴着。

"酸代表艰难、伤感，痛代表着急、生气。腰椎一般代表支撑、坚持等，左代表男性，腰还可以代表夫妻（因为肾是一对，一左一右），你会想起什么事？"我说。

"我老公，我想揍我老公。他总能让我不爽。"她大声说，"我们没有共同语言。我以前上班特爱出门，在家待不住。他说我不占家。我现在连门都不出，他又说我像养猪。我就和他吵，他就是不改。"她气哼哼地说。

"我现在总结一下：这意外，是当时你们全家一起遇到的事情，说明你们的家庭生活遇到了一些困难。那块大石头就象征那些困难和阻碍（此时的汽车代表家庭，停车位代表家庭的正常状态）。你以为能处理你们的困难，扭转这个事态。但是后来你发现不是你想的那样，不但没有处理好你们之间的事情，反而最后扭伤了自己。扭伤就是想'扭转'别人，但别人没有被改变，反而自己受到伤害。"

腰：是夫妻间性生活的运动部分，腰痛常常是和性器官、性功能、性生活相连，常常和夫妻关系相联系。

酸：代表艰难、伤感、孤独等。

潜意识制造的意外事件，常常表现为"借机"，就像水一样无孔不入，充分利用一切能利用的机会。夫妻前进的路上出现了一块大石头（代表家庭障碍），老婆去解决，老公在观望，结果是老婆的腰扭伤了。从她的描述看，她认为老公才是家庭障碍的制造者，所以在现实中老公也没有去帮助老婆搬走那块大石头。

人生的路有千万条，大路小路，直路弯路，山路水路，上坡路下坡路，高速路山村路，路路不同，样式繁多，有的是用脚走，有的是骑车，有的是开车，不管你用什么方式和工具，本质都是用心在走，绊住你脚的，挡住你路的，不是荆棘和石头，而是心中的阻碍。

　　扎鱼刺是生活中常见的小意外。一位女士扎鱼刺后和我联系。她说昨天中午一边吃饭一边给妈妈打电话，吃的是鲫鱼，不小心喉咙就扎鱼刺了。她还想着吞几口馒头带下去，可是不管用。后来她想着睡一觉可能就没事了，结果还是不行。她能够正常吃饭，喉咙那里也不疼，只是吞口水时喉咙有扎的感觉，应该是小刺。今天下午去医院拍了片子，确实是有根鱼刺。医生建议她再观察两天看看。

　　我问她是不是有什么事被卡住了。

　　"我觉得还是和我妈妈的关系吧！"她犹豫了一下说："我们一直关系不太亲密，一直都不能够顺利的沟通。尤其是这次打电话，也是想要好好沟通一件事，但还是没有得到我满意的结果。"

　　我问她要沟通的是什么事。

　　"我妈去年一直在北京，给一家人当保姆，就做点儿饭也不累，后来回老家了。今年那家人打电话给我，想让我妈今年再帮他们干一年。结果没几天那家人又反悔了。我本来是想先不让我妈知道这件事，等她来了北京再和她说清楚。但我妈看我一直没给她买票，要自己去买。我没办法就跟她说了，然后她就不来了。其实我是想让她来，最近我情绪有点儿不好，想让她来照顾我。"

　　我明白了："噢！你想让她来北京照顾你，这个理由你却说不出口，有点儿如鲠在喉，是吗？"

　　"是，我感觉很不好说。昨天打电话就是和我妈商量让她来北京这件事。我一边打电话一边吃饭，结果就被鱼刺扎了。现在我也想好了，我妈妈是属于我爸爸的。我自己的情绪需要自己来疗愈，我自己做自己的内在母亲。"她坚定地说。

过了几天，她告诉我，她去医院复查，那根鱼刺已经没了。

吃：代表身体需求和精神需求。

鱼：代表富裕、财富和权力，有时代表精神财富；代表性，鱼水之欢嘛；鱼还代表"机遇"，因为"鱼"与"遇"谐音。

咽喉：通常指我们表达自我、交流思想观点或感受的能力。

鱼刺扎喉：可能是交流沟通方面出现了一些阻碍和麻烦，或者是受到了别人话语的刺激。

她想让妈妈来北京照顾自己，疗愈自己过去的创伤。这是她的愿望。但因为她们过去缺乏这种情感上的深层沟通，她无法对妈妈表达自己的需求。她想说又说不出口，像被卡住了一样。可是她不说，妈妈就不知道她的想法，也就不会来北京。她情绪的卡点就在喉咙那里，结果就发生了这次鱼刺扎喉咙的小意外。

这种想表达真实想法、感受方面有困难，或有未表达的愤怒，如果以症状的形式出现在身体上，就是咽喉炎。

有人说，当你什么时候感觉到哪个身体器官存在的时候，就是哪里有问题了。我们平时是感觉不到自己心跳的，只有当心跳异常了，我们才会留意到心的存在。身心是一体的，它们是对应关系。在出现症状时，通过症状的部位和感觉，我们可以找到心理原因。同样，在看似偶然的身体意外伤害时，我们根据身心一体以及相对应的关系，通过受到伤害的身体部位也可以找到心理原因。

这个案例也可以看作她的内在小孩试图和内在母亲和解的过程。她的内在小孩感情上需要内在母亲的呵护，虽然最后没有达到被照顾的目的，但从另外一个角度获得了成长。

二、人和物之间的比类

如果物品发生意外了，我们可以通过物品的象征来分析，还有就是通过物品和人的比类来分析，通过人的身体部位的象征意义来代替物品（或部位）的象征。

一位女士问我："家里新来两个月的钟点工阿姨，把家里的吸尘器用坏了。那个阿姨吸到水了还继续吸，直到最后吸尘器不工作了。吸尘器刚买了不到半年。这种偶然事件隐藏着什么信息?"

我说："你对那个阿姨有什么看法吗?"

我这一问，她的话匣子就打开了："干活还可以，就是太多嘴，特别爱发表意见，喜欢家长里短，说起来就喋喋不休。而且，她本人好奇心又重。"

"我的思路是，把吸尘器这个东西形象化，看起来就像是用嘴在工作，使劲儿地把垃圾往嘴里吸。新买时间不长的吸尘器，和新来两个月的钟点工，是可以对应的。因为这个钟点工的嘴喋喋不休，你希望她闭上嘴干活就行了。结果她没有闭上嘴，她手里的吸尘器把嘴闭上不工作了。"我对她说。

吸尘器：用于清除屋子的灰尘，象征着希望把不好的记忆或过去全部清除。

每一种物品都有其自身的特点，我们可以把这个特点作为线索，寻找其心理原因。

还有一位女士说，她家的吸尘器也坏了。她老公把吸尘器的盖子打开，清理里面的尘土，然后重新盖上之后，吸尘器就不再有吸力，无法正常工作了。她问，这种情况有啥说法吗?

我告诉她，既然是你老公弄的，那可能和你老公有关。他现在的工作如何?

她说，她老公有好几个项目都在谈，每个项目看起来都很急，可是没有哪个项目可以向前推进，然后进行操作的。这还真的挺像那个吸尘器，看样子在正常工作，可就是不起什么作用，不吸尘。

我打趣地说："一直在嗡嗡叫，但就是没怎么干活，是吗？"

她不住地点头说："是啊，是啊！无意识语言确实很厉害啊！"

这里我用的就是"象思维"，"象思维"就是指运用带有直观形象、感性的图像、符号等工具来揭示世界的本质规律的一种思维方式。

一位男士对我说，早上在他的汽车引擎盖里，发现了一只死了的猫。看它的姿态，推测是正常死亡（当时是春天）。他让我帮着分析一下缘由。

我告诉他，死亡代表什么事结束，或者和什么事重新开始有关。猫多代表性感、爱发脾气又有魅力的女性。汽车代表自己。汽车的发动机可以类比人的心脏，而心脏代表爱。

他说，前一段时间一直和太太吵架，是关于感情上的事。这两天才刚刚告一段落。吵架时，他的心脏确实有一种被撞击的感觉。

死亡：代表遗忘、丧失了生命力、结束等，也可以象征着上一个阶段结束，下一个阶段开始。

心脏：是五脏六腑之大主，是情感的中心。心脏代表爱（心上人），在所有感受中，爱的感受和心脏最为密切。对"好"的期待也容易影响到心脏。

在冬天，经常发生小猫钻进汽车引擎盖里取暖后被冻死的意外。因为发动机是热的，那些流浪猫找不到温暖的地方，就爬到里面取暖。天冷的时候，有的流浪猫爱钻到车底下取暖或者趴在轮胎上睡觉。如果司机没有留意，就很容易造成对那些流浪猫的意外伤害。

一位女士手机的芯片突然坏了，只好换了一个新的芯片。她让我帮着分析一下。我说："手机的'芯片'就相当于人的'心脏'。急火最容易攻心，你有什么特别着急、焦虑的事吗？"她说："我太想成功了，一直很焦虑，但感觉一直离成功很远，以至于越来越急，身体也经常出现一些问题。"

手机：代表沟通，还可以代表人的无意识。

手机芯片：是一种硅板上集合了多种电子元器件，实现某种特定功能的电路模块。它是电子设备中最重要的部分，承担着运算和存储的功能。

她想获得事业的成功，并且为此一直在努力拼搏。可她希望的成功久久没有到来，她的情绪却越来越急躁了。我建议，她调整自己的情绪，降低自己的期待。我称这种意外为"心像外化"。这种意外的作用不是补偿、不是自惩、不是平衡，也不是满足当事人的什么意愿。它的作用是对当事人的一种提醒和警示。在意外分析中，这种"心像外化"的案例还是很多的。

一位女士早上上班，在公司停车场把后视镜给刮折了，让我帮着分析一下。她说："停车场有好几个空的停车位，我选中一个。因为左边有车，我只顾看左边了，结果没留意右侧有个柱子，倒车时就把右边的后视镜给刮折了。"

我说："倒车是向后，后视镜是看清后面用的，可能和后面、过去有关。在公司停车场发生的事，可能和公司有关。刮到柱子上说明遇到了阻碍。"

"老师你说太对了，我刚到一家新公司，确实发生了一些事情。就是这个公司里有很多挑剔、找别人毛病的人。其中有个公司主力是个女的，对我很是抗拒，对我各种阻碍。还有就是我这个车停得还很斜，最近停车总是不正。"

"那个阻碍你的女性是公司主力，那个刮到后视镜的也是你们办公大楼的承重柱子，这不是正好对应吗！停车总是不正，代表你刚到公司现在正在调整自己的位置和方向。"我说。

后视镜：镜子的作用是关于看、注视的。后视镜是观察周围，主要是自身背后的情况。

建筑承重柱：承重柱是结构构件，起着主体承重的作用。

这个案例脉络很清晰。就是她新到一家公司，正在努力适应，遇到了来自公司内部的一个女性骨干的阻碍，而引发的意外。后视镜被刮坏，代表她不想被别人审视、观察、挑毛病。

三、物和物之间的比类

有些意外，物和物之间也需要比类。

一位女士联系我说，她去外地参加一个课程，暂住在一个朋友家。晚上回去上楼后，她发现不对，自己上错楼了。朋友家的楼和这个楼是一前一后紧挨着的。她让我帮着分析一下。我说，可能是你在什么方面走错了路，或者想去的地方没去成。她恍然大悟，说知道原因是什么了。原来她有个计划，一个她刚认识不久的女性朋友要去西藏自驾游，她想拼车一起去。她们还想去珠峰大本营玩一下。因为路途会有各种不可预知的危险，那个朋友说得和她的家人签生死免责协议。听到这个她家人就不同意了。有的朋友也劝她不要去。她没有去过西藏，也不知道自己会不会高反。反复衡量后她决定放弃，但心里还是很遗憾。我说："上楼在这里可以类比上山。你不去西藏，不去高原，不去珠峰大本营了，内心有很多遗憾。你这次上错了楼，就是没有去成珠峰大本营的象征化意外。"她对我的解释表示赞同。

没有去成西藏，让她非常遗憾。她去外地上课，回朋友家"爬错楼"，正好代表她没有去成的青藏高原、珠峰大本营。从她家到外地"类比"从她家去西藏，上楼"类比"去珠峰大本营，只是从距离到高度，都等比例大大地缩短、缩小了。

我非常喜欢中国传统文化，在很多的意外心理分析中都会用到"取像比类"的思维方式。我前面说过，我有一个表姐晕车，从不敢坐车出门旅游。有一次表姐想和大家出去玩几天。结果在出发前她在小区里摔倒，把右膝盖摔伤了，新买的裤子也摔破了。

她想旅游又害怕自己晕车，有很多的心理冲突。那她为什么会在小区里摔倒而不是在家里摔倒呢？因为和家里相比，小区里属于外部环境，所以她"出门"到小区里这个外部环境和"出门"到外地旅游是可以"类比"的，都是离开家门去外面，只是远近的区别。为什么她是遛弯时摔倒呢？是因为遛弯时心情放松和愉悦，和旅游时心情相似，所以在小区遛弯在这里就可以"类比"外出旅游。

为什么她还把新买的裤子给摔破了呢？衣服是代表自我形象或者人格面具，有时是"社交"表现、身份的要素。新衣服可以代表新的自我形象、新的身份和新的人格。裤子可以代表腿，腿的功能是行走，所以裤子也可以代表行走。她买了新裤子想去旅游，代表她内心想做出改变，想在大家面前建立一个自我的新形象。从最后她把新裤子摔破了这个结果看，她虽然想做出自我改变的愿望很强烈，但最终还是被内心对晕车的恐惧所击溃。

前面列举的种种意外，过去我们是无从解释的。就像弗洛伊德之前，许许多多的梦不能被解释一样。现在我们应用"全息"理论和"取像比类"的思路，可以轻松地诠释这些意外。

第七章　奇妙的意外

一、象征性强迫重现

我参考弗洛伊德梦的分析原理，把意外分为"显事件"和"隐事件"。"显事件"和"隐事件"的关系，与"显梦"和"隐梦"的关系一样，是意识和潜意识的关系。"显事件"对应意识，"隐事件"对应潜意识。

有些意外是意愿的达成。可是我发现，也有很多意外和意愿没有关系，只是过去事件的一种"重现"现象，而且这种"重现"是"象征性"的。

有一次，我给学员们讲为期一周的系列课程。第二天，一位学员迟到了。他解释说，早上坐错了车，走错了路，还说自己做事一向严谨，几乎从没有出现过这样的错误。因为迟到是发生在我的课程上，我就问，他的迟到是否和课程有关，或者和我有关。他说确实有关。不过不是对我的课程内容或者对我本人有什么抗拒，而是因为我昨天课程的内容，让他突然意识到在过去的一年中，自己的事业方向出现了错误，然后开始反省和自责。昨天他回家后还一直想着这件事，结果第二天上课就坐错了车，走错了路。

真的好奇妙！上课时受到我的课程启发，他想到自己的事业方向错了，事业的路走错了，结果第二天来上课就真的走错了路。这个意外的意义是提醒他从错误的事业路线尽快回到正轨。

一位女生跟我说，她遇到一件很邪门儿的事。有一天她出楼道时被一个人无缘无故地泼了一身水，不知道是怎么回事。

她住的楼房是一幢老式住宅楼，就在马路边。那天傍晚她出门，刚刚出楼道大门走到路边，就被一个青年男子用一盆水泼了个满身满脸，衣服也湿了，把她吓得大叫。当时那个青年人骑在摩托车上，手里端着一盆水。泼完后他骑着摩托车就跑了。事后她回想，可能是那个人一直在马路边等着目标出现。我问她，认识那个男的吗？她摇头说不认识，也想不到自己得罪过什么人。可能是他认错人了吧。

我问她是什么水。

"应该就是普通的自来水，因为既没有气味，也没有什么味道，脸上也没有什么不适。只是被吓得够呛。当时我第一反应就是，如果是硫酸就完了。"

"水代表情绪、情感。你只是受到了惊吓，没有受到身体上的伤害。那你想一想，最近有没有什么事让你受到了惊吓？"

"有。"她肯定地说，"就在这事的前几天，也是在傍晚，我回家刚走到楼道口，突然有个男生叫住了我。我一看认识，但只是普通朋友。而且他的人品不太好。他手拿一束花走过来，突然向我求爱，并且动手动脚的。我吓得赶快逃跑了。"

我说："这就对了，这两件事只相隔几天，几乎同样的时间、同样的地点，同样都是一个不熟悉的年轻男性，同样都是在等待你的出现，然后给了你很大的惊吓。第一个男生是带着炽热的情感向你扑面而来，第二个男生是用一盆水向你扑面而来，而水代表情感和情绪，这两件事的形式不同而内涵相同啊！"

水的象征含义有很多，常见的象征就是情绪和情感。对于水的象征，必须要区分两种不同的情况：一种是"净化与清洁"的水，一种是"肮脏、污浊"的水，分别代表"正性"情绪和"负性"情绪。年轻人向喜欢的女孩求爱，本是一次正常的事件，所以她被泼的是干净的水，而不是什么肮脏、污浊或者臭水。但因为她知道那个男生的人品不太好，所以这件事给她造成了一定的心理压力。

这个案例非常简单清晰，很好解读。两个事件一前一后，后者把前者用象征性的语言重新演绎了一遍。她被一个陌生的青年男子泼了一身水就是"显事件"，象征替代了几天前她一个认识的男生向她求爱让她受到惊吓。这起求爱事件就是"隐事件"。"隐事件"是隐藏在是"显事件"背后的。前面的"隐事件"让她产生了情绪，这些情绪被压抑后，继而引发了后面象征性的"显事件"的发生。

我发现，很多意外事件都是如此。有些事情发生后，当事人有了压抑而又很难觉察的情绪，后面就发生了一些看起来奇奇怪怪、莫名其妙、难以理解的所谓意外。她被求爱的人吓了一跳，有排斥的情绪，后面的意外事件就让她重新体验了一下同样的情绪。心理学研究的是心理层面的因果关系。从心理分析角度说，前面的事件引发的当事人的情绪是因，后面出现的意外事件是果。很多意外都是前面事件的重演和重现，我把这种现象称为"象征性强迫重现"，简称"象征性重现"。

对这个意外来说，你如果把注意力一直放在那个泼水的骑摩托车的年轻人身上，不把前后两件事联系起来比较分析，是无论如何也分析不出来的。只会觉得这事很晦气、很邪门。因为这种

"象征性重现"意外好像并不能让当事人得到什么好处，满足潜意识的什么意愿，或者回避什么不想做的事情，只是让当事人感觉莫名其妙。因为这种"象征性重现"意外只是在重复体验前面事件的不良情绪，它的意义就是在提醒当事人被忽略的情绪和曾经的心理创伤，让当事人觉察、疗愈，恢复内心的平衡。

　　我把上面这种和当事人的意愿没关系、在"隐事件"里的人、事、物，从"显事件"中可以对应的意外，称为"全息型"意外。

　　一位女士发微信朋友圈说，她刚从办公室旁边买了几个桃子。她往回走的时候遇到一个老太太。老太太跟她说，你给我点儿东西吃吧。她说，给你点儿钱，你去买些饭吧。老太太说，不用，她就要这个桃子……她的大脑一片空白，就把桃子递过去了……

　　我感觉这事很有趣，就和她联系，说想和她从心理层面探索一下这件事。她爽快地答应了。我提示她说："这事发生在公司旁边，可能和公司有关。在最近的工作中，可能有人拿走了本来属于你的东西。"

　　"我觉得你说得特别对。对我很重要的工作上的成绩，被人拿走了，就是这两三天前发生的事。"她同意了我的说法。

　　这个意外事件中出现了一个老太太，而且是关键人物。我继续问，她在这个工作中是否涉及一个老太太。

　　"有，是我上司的上司。她的年龄挺大，算是一个老女人，只是没有遇到的老太太那么老。我认为，我工作的那些糟心的事儿就是由那个老女人而引起的。"

　　"噢！这就对了，两件事情都是由一个老女人而起，很有相似性。最后是桃子的问题。桃子从正面意义上讲，象征着长寿，从负面含义上说是逃跑，'逃之天天'吗。看你能想到什么？"

"我觉得更多的是逃跑。发生这件事情以后，我的第一反应就是在别人拿走它们之前，我得把那些有价值的东西转移到安全的地方。可能你说的这两个意思都有。"

过了两天，她和我联系，说她找到了一个办法把那个工作上的问题给解决了。她想办法见到了那个老女人的上级，向他说明了她工作上的想法和计划，获得了他的认可和支持。也就是说，那个老女人要夺取她的工作成果的想法因此而破产了。

这个意外属于"象征性重现"。她在公司外买了几个桃子，被一个老太太给要走了。这件事把她给搞懵圈了。这是意外中的"显事件"。"隐事件"是公司里她上级的上级——一个老女人，想用强硬的手段夺取她的工作成果。为此，她感到了极大的威胁，甚至想逃跑，但又不甘心。这个老太太就是她公司里那个老女人的象征性替代。

我们还可以从另外一个角度进行解读：就是从荣格的心理原型角度来分析。智慧老人是充满智慧和饱经沧桑的，象征人的直觉智慧或精神力量的原始形象。老头、老太太代表智慧老人。他们的出现，体现了被心灵忽视的内在智慧源泉，事实上很可能正面临一个难以解决的问题。水果象征成果或者收获，桃子代表"逃跑、逃离"。她买的几个桃子，代表她无意识中有拿着成果逃跑、逃避的愿望。我们可以把这个老太太看成是智妪的化身，因为智慧老人象征着原始智慧给人的指导。这个老太太要走了她的桃子，可以理解为：这是在提示她，不要面对困难时逃跑，需要智慧才能解决目前的困境。而她确实也是运用智慧解决问题的。

桃子代表"逃跑、逃离"，这属于谐音法。中国人一直很重视谐音。比如中国人忌讳数字"四"，是因为"四"和"死"同音。朋友分别时不吃梨，因为"分梨"将要意味着"分离"。谐音法是潜意识常用的一种表达方式。

意外事件不分大小事，都可以寻找其心理原因。下面这个案例就属于一件很小又非常有趣的事。一位当中学美术老师的朋友跟我联系，说自己发生了一件小事，不知和什么心理有关。

他描述说："我昨天中午走着去上班，在马路上看到有一块钱，琢磨了一下捡还是不捡，最后决定捡。然后我奔着钱去了。忽然来了一阵风，把钱吹跑了，我就追。有个人离得钱很近。我指着钱告诉他，人家看着我也没反应。最后钱被吹到马路对面一辆车的下面了，我没有捡到。哈哈，我觉得挺好笑的。这是你研究的范围吗？"

"哈哈，"我也笑了，"你这是'我在马路边，没有捡到一块钱'啊。挺有意思。你是在上班途中遇到的事情，可能和学校有关。钱代表利益或价值。你想一想，最近你追什么利益没有追上，还有利益可能不大。钱被风吹走，是事情起了变化，跟你最初的预想不一样，还有一种应该得的利益却没有得到的感觉。"

"噢，我想到了，我现在给一所聋哑学校上课呢。就是有个聋哑学校的校长来找我们校长，想请个美术老师这学期去他们学校代美术课。那个聋哑学校的校长还说，这些孩子是有基础的特长生，特别好教。我们校长就征求我的意见，我琢磨琢磨就答应了。结果我一上课才发现，那些孩子一点儿基础都没有，还得从头教。我已经上了几次课，现在说不去了也不合适。我就想，那就先上吧，下学期我就不去了。"

"你说，当时有个人离你很近，你就指着钱告诉他，人家看着你没反应，是吧？这个路人你还有印象吗？那是个什么样的人？"

"男的，五十多岁。他没看见那一块钱。我指着的时候，可能他也没明白我是啥意思，所以没有反应。"

"嗯！在这个事件中，有没有这样的一个男人，可能真不知道，也有可能在装傻？"我问他，然后我想到了一点儿线索，就接着问，"唉？会不会是像你们校长啊？"

"那可不，两个校长都是五十左右的男的。但我觉得不是我学校的校长，而是那个聋哑学校的校长。"

"怎么讲？"

"其实我去外面的学校讲课，是我的业务范围之外的工作，应该给补助的，最起码得有交通补助吧。去哪上课哪里给，这是社会上的惯例啊！去你学校上课当然是你学校给，不用我说他也应该知道。你刚才说有人装傻，我就想到这个聋哑学校的校长了。我感觉他就是在装傻！"他有些气愤地说。

"就是说，你开始以为有补助的，但是双方一直没有提这事。那个聋哑学校的校长就装糊涂，结果就是没有给你。是这样嘛？"我问。

"是，应该就是这么回事。"

"可不可以这样说，上课这件事你白忙活了。跟你去追那一块钱一样，白追了，没追上。"

"嗯，把这件事圆起来说，那就是这样，虽然利益小也没有得到。"

"还有就是你们校长征求你的意见，你琢磨去还是不去？和你看到一块钱的时候想捡还是不捡，是不是一样的？"

"是的。当时想就是肯定给补助吗。反正也不太累就答应了。"

"补助就是除了工资之外的油水，虽然钱少也属于意外之财。

但就是那么少的补助，你依然没有得到。这里就相当于马路边的那一块钱，一块钱虽少，依然在你的眼皮下被风刮跑了，你没有捡到。"

他笑了笑说是，表示同意我的说法。

金钱：往往是关于权力、控制、能力或者关于价值、能量的，有时还和安全感有关。

捡钱：代表丧失尊严的低自尊表现。捡钱没有捡到：代表空欢喜。

上午：代表开始阶段。中午：代表中间、一半阶段。傍晚、黄昏：代表最后阶段。

在这次小意外中，那两阵风来得很是时候。从心理层面上看，风是有象征意义的。风是关于变化的，起风象征事情发生了什么变化。这两阵风代表有两件事发生了变化，和他最初的想象不一样：第一是关于那些学生的。聋哑学校的校长说，那些特长生都是有基础的，结果他去了才发现完全不是那么回事。第二就是关于上课补助的。这两件事都发生了变化。

最后这件事发生在中午，中午象征事情进行到了一半、中间。现在的他是骑虎难下。因为他已经上过几次课了，不想去也只好坚持着上完这个学期。他再不满意，也不能中途撂挑子啊。他目前正处在这件事情的中间阶段。

镜子的特点是"随感而应，无物不照"。梦一向被称为"心灵的镜子"，就是说梦都是如实地反映潜意识。梦中不管多细微、多宏大的部分，都有其特殊的含义。在意外事件中也是这样的，那些具体的细节，都有其意义和价值，都值得探索和研究。

很多意外都是"全息式"的，看似很小的事件却包含了很多信息，这个案例就非常清晰地体现出了这一点。

树的一粒种子具备长成一棵大树的先天条件。但光有这些先天条件还不行，还需要水、养分、泥土、适宜的温度、阳光和气候等外界环境。只有内外条件都具备了，这粒种子才能慢慢地发芽、成长，最终长成一棵树。科学研究的是物质层面的因果关系，心理学研究的是心理层面的因果关系。意外的发生就是这样，当内在的心理原因有了，外在条件又具备的情况下，意外就发生了。

"象征性重现"可以发生在人和人之间，还可以发生在人和物品之间，人和动物、植物之间。过去很多不能用心理学理论解释的意外现象，用"象征性重现"的思路来分析就可以解开。

一个女孩的姥爷在庙里烧香时，被一条狗咬了，右边腿肚子被咬流血了。她让我帮着分析一下心理原因。我说："流血代表有损失，小腿可以代表孩子或者晚辈，右边可以代表女性。很可能是你姥爷的某个晚辈有了损失，而且这个晚辈可能是个女性。"她说："这件事和我妈妈、我舅妈有关，受损失的是我妈妈。因为我家是农村的，家里有地，当年姥姥的那份地分给了我爸爸。十年前国家开始给补贴，那块地加起来补贴一共有几百块钱。前几天我舅妈打电话给我爸，说姥姥的地我家不能独占，不光要把补助给她送过去，地也要给她。而且舅妈还边说边骂，骂得很难听。我爸妈很生气，但没有和我舅妈吵架，怕让我舅舅为难。为了彻底平息矛盾，前两天的时候我爸妈带着两千块钱，当面给了我舅妈，姥姥给我们家的那块地也不要了。我妈心里窝火，就把这件事打电话告诉了我姥爷。我姥爷听了很生气，第二天早上他去庙里上香就被狗咬了。"我说："狗咬人，多数代表吵架。你舅妈欺负了你妈妈，你姥爷为这事很生气。结果你姥爷就被一条狗欺负了。那条狗在这里可以代表你舅妈，蛮不讲理。你姥爷腿上流的血，象征的是你妈妈在金钱和土地这两方面的损失。"她认可了我的分析，说确实是这样的。

狗：象征忠诚与友情，有时代表攻击性。可以象征道德、规条、原则、信念、自我约束、自我要求和纪律，也就是人格结构中的超我部分。

流血：代表损失。

小腿：可以代表孩子或者晚辈。

狗可以代表人的超我，象征道德。案例中的舅妈有两个特点：一是不讲理，没道德；二是非常有攻击性。舅妈的这两个特点在那条咬人的狗身上都体现出来了，两者可以类比。

一位男士带四岁的儿子坐电梯到楼下玩。到了一层，电梯门一开他儿子就向外跑，他就在后面快步追。他走到楼道口的时候，被旁边的一只小狗突然咬了一口，咬伤的位置在右小腿的腿肚上。虽然伤口不大，但为了以防万一，他还是去打了狂犬疫苗。他让我分析一下。

我说受伤的位置在你的右腿，很可能和女性有关。从整个事件看，还可能和你突然受到攻击有关。

他听完我说的话，想了想说："在这之前发生了一件事，你分析一下。现在我和我媳妇一家住在一起。那天在家里，我儿子想去解手。正巧厕所里面有人，我儿子就一边使劲拍厕所门，还一边大喊大叫。我一看这种情况，就有点儿着急，跑过去抱住儿子捂住他的嘴，告诉他忍耐一会儿。想不到我丈母娘从屋里冲过来，一下就把我给推开了，然后拉着我儿子去了她的屋，用塑料袋帮我儿子解决了问题。"

"这两件事确实很像的，最初都是由你儿子而起，后来的发展又都是你试图控制住局面而突然发生的意外事件。"

他解释说："是这样的。我从来不怕狗，也没有防备，结果那只小狗突然就跑过来咬了我一口。还有我儿子去厕所那件事，我儿子一闹，我就着急了，就想赶快控制住局面。我根本没想到我的丈母娘会从屋里冲出来，也没想到她会用那么大劲儿推我，差点儿把我给推倒。"

从身体语言来讲，右边一般代表女性，小腿一般代表孩子、晚辈等。在这个案例中，"右小腿"既代表了和女性有关，又代表了和孩子有关。身体语言很多时候是言简意赅，没有一句废话，这就是"凝缩"。凝缩机制是"象征"的核心，它是解决"图像"和"意义"之间"连接"与"转换"的基本手段。用一个简单的图像代表丰富的意义，对意识而言是非常困难的，但是潜意识却能够轻松做到。

前面的案例是她的姥爷被狗咬，经过分析，原来是她妈妈被舅妈欺负，姥爷心疼女儿，对欺负女儿、像疯狗一样乱咬人的泼妇舅妈生气而造成的"象征性重现"。后面的案例是我朋友被小狗咬，"被狗咬"代表他受到了攻击。经过我的询问，原来这是他被"丈母娘推了他一把"的"象征性重现"。这样的意外用"象征性重现"思路进行分析，简单而且直接。

这种"象征性重现"相当于翻译，好比一个人先讲了一个故事，紧接着又用手语比画着讲了另一个故事。如果我们不懂手语，就不明白他后面讲的到底是什么。其实他讲的是同一个内容，只是采取了两种不同的表述形式。不懂手语的人，如果通过一段时间的学习，学会了手语，再有人再用手语讲故事时，就会明白了。同样，当我们理解了象征语言，了解了意外发生的规律，我们就可以进行翻译，从而有了解读各种意外现象的钥匙，就像我们懂得了身体语言，就有了解读各种疾病的钥匙一样。

发生过的事情，在当事人内心有了冲突，产生了情绪，经过压抑以后，现实层面那些事件可能还会用另一种形式再次发生。无论在梦中还是在意外事件中，这种置换是发生在潜意识层面的。因为潜意识表现的部分都是我们意识失去觉察的地方。当我们情绪失衡，又丧失了觉察，潜意识就通过梦和意外等方式来提醒我们了。

一个女生问我："老师，我妈在院子里养的几盆花都开了，昨天被人偷着摘了。她挺生气的。这是什么寓意呢？"

我开玩笑说："是采花贼来了呗！你问问你妈，是不是她认为你们家有什么事吃亏了？"

她惊奇地说："是的，是有这么一件事，我妈就是觉得吃亏了，这两天正为这事闹呢！我和男朋友结婚了，我妈觉得他家给的彩礼比别人家的少，觉得自己吃亏了，心里就很埋怨。然后她在院子里养的几盆玫瑰花，一直在院子里放着，昨天被人偷摘了。她就特别生气。"

"你妈抚养了你，也养了花。女孩就好比花一样，你妈养的花就可以代表你。那个进院子的偷花贼，把她辛苦养的花给摘走了，是占了她的便宜，象征的是你妈认为自己家吃亏了。因为你那个男朋友花了很少的彩礼就把你娶走了，让他占了很大的便宜。更绝的是，被偷的居然是玫瑰花。"我说。

花朵、花卉：花是美的象征，可以代表女人。花朵还可以象征女性的生殖器官，尤其是处女的生殖器官，因为花本来就是植物的生殖器官。采花、浇花都是性爱的象征。

很多词都有一个本意，后来从中延伸和派生出别的意思。随着社会的发展，提到这个词，人们的第一反应是这个词后面延伸出来的意思，而本意却慢慢被人遗忘了。

采花贼有一个原始的本意，只是纯粹地偷盗花草之类的盗贼。古代未出嫁的女子称为黄花闺女。有些人喜欢指染这类女子。慢慢地，采花贼就引申为对女性实行强制性行为。现在我们看到"采花贼"这个词的时候，直接会想到强奸犯、淫贼，已经很少能够想到它的本意——偷盗花草的盗贼了。

因为汉语历史悠久，所以在我们使用的语言体系中，这种原始词义被大大削弱的词大量存在。比如"绊脚石、拦路石"，是指对前进有阻碍作用的事物，本意是指走路时把人绊倒的石头。现在我们提到绊脚石、拦路石，已经不怎么想到横在路上的石头了。前面的案例中，那个女士因为在停车场搬一块大石头而扭了腰，这块大石头就是象征她和老公关系之间的阻碍。前面"焦头烂额"的案例，在心理有"焦头烂额"的感觉时，头上居然长包，发生溃烂。

在弗洛伊德的潜意识理论中，花象征"性"，甚至花瓶、花园、院子也是女性生殖器的象征。这个案例有意思的地方就是：她妈妈对女婿家给的彩礼少而不满，居然从她院子里养的玫瑰花被偷这件事象征性地呈现了出来。花代表她女儿，玫瑰花代表爱情、婚姻，那个偷花贼象征的是没付出多少彩礼就娶走她女儿的女婿。

在意外分析中，本意在现实中以物质的形式出现，用来替代心中那个延伸出来的含义。

在科幻电影《黑客帝国》中，人类领袖墨菲斯带着他认定的救世主尼奥去矩阵（母体）里去见先知。可墨菲斯不知道在其组织内部出现了叛徒。矩阵特工已经设好陷阱，想把他们一网打尽。墨菲斯等人从先知那里出来，在返回真实世界的路途中，尼奥在一个门前看到一只黑猫。那只黑猫先站在那里抖了一下毛，然后看了他们一眼从门口走了过去。尼奥没有在意，继续向前走。走了两步，不经意一回头，他愣住了。因为他看到了一个让他震惊的场景：一只一模一样的黑猫，在原地做了和刚才那只黑猫完全一样的动作。尼奥使劲挤了挤眼睛，以为自己眼花了，一边摇头一边自言自语说：这是幻觉。尼奥的这些行为引起了墨菲斯的警觉。在他的追问下，尼奥才说刚才他看见两只完全一样的黑猫走了过去。他紧接着又补充说："不，那不是两只猫，是同一只猫。"墨菲斯立刻意识到有危险，招呼大家快走。这时大量矩阵特工蜂拥而至，墨菲斯为救尼奥挺身而出，而被特工史密斯抓住。

黑色象征神秘和死亡。猫可以象征捕食者。黑猫在西方被认为危险、不吉利，象征死亡和不幸。黑猫从门外经过看了他们一眼，隐喻特工已经设置好陷阱，正等待着墨菲斯众人的进入。

《黑客帝国》中的这个桥段设计得既有寓意，又充满了想象力。现实中几乎不会出现这样的事：即一件事情原封不动地再现。可现实又是神奇的，它虽然不可能是原封不动的再现，可它会换一种不易察觉、隐蔽的象征形式，把那些事件重现出来。这时那些不可思议的意外就发生了。

象征不光在释梦中非常重要，几乎在所有的心理学流派中都很重要。比如前面提到的绘画疗法和沙盘疗法，此外还有催眠疗法、精神分析、家庭治疗、心理剧、戏剧治疗、完型疗法、音乐治疗、舞动疗法、意象对话疗法、游戏疗法、隐喻故事治疗派等。在意外的心理分析中，也是重中之重。

民间的传说和一些宗教认为生命是一个不间断的轮回，有前世今生及来世。有没有生命的轮回，我们不谈论，但"象征性重现"确实好像是当初的事件换了一种方式的轮回。

凡事也有例外，现实中虽然不会出现完全一模一样的意外，大体相似的还是有的，只是比较少见：

案例1. 一个男人出差回来，半路上碰到了车祸。一辆跃进汽车追尾拖拉机，司机的腿断了。一年后他又是出差回来，在同一路段一模一样的车追尾拖拉机，司机的腿断了。那一瞬间他以为自己穿越了！

案例2. 湖北宜昌的一个女子骑电动车横穿马路，在机动车道与一辆正常行使的白色小车相撞。见女子无大碍，民警便将女子带到路边休息，等待她丈夫过来。约十分钟后，她丈夫横穿马路（还是那条马路）跑过来找女子时，在同一地点也被一辆白色的小车撞倒受伤，后被送入医院。相似的一幕真让人哭笑不得。

这种"象征性重现"看似神奇，其实在释梦中还是比较常见的，只不过发生在现实层面就让我们感觉很新鲜。释梦的一个非常重要技巧和思路就是——找到现实生活中与梦的内容相似之处。两者有哪些场景相似？梦中出现的人物和现实中的哪些人物有相似之处？梦中人的行为方式与现实生活中的行为方式有哪些相似之处？这些相似之处就是潜意识留给我们解开谜题的线索。

某人梦见一条白蛇咬他。释梦者让他回忆前一天发生过什么事。他说没有什么特别的事，只是和一个同学吵过架。然后他说，这个同学穿的是一件白衬衫。

这个梦就是"象征性重现"。白蛇象征那个和他吵架的同学，咬他代表吵架，因为都是用嘴。蛇也表示他对那个同学的仇视，又表示那个同学对他的憎恨。

某女生常做一个噩梦，梦见窗子开了，一个长毛怪物站在窗上。据调查，她曾被人入室强奸，当时罪犯就是越窗而入的。

这个梦也是"象征性强迫重现"，而且还是长期的"强迫重现"。这种长期的噩梦，多是由重大的心理创伤引发。情绪入梦是正常反应。相反，在日常社会生活中，人们常常控制自己的真实情绪，才是违背了自然的人性。梦境给了习惯于控制自己情绪的人们一个机会，使情绪得到适度的宣泄，有利于身心健康。人们在日常生活中经历过的大事，或者情绪表达不够充分，梦中会再次经历，甚至多次的反复经历，目的就是化解情结，确认和接纳曾经经历过的事情，成为自身命运的组成部分。

现在有一些国外研究者认为，梦更多的是前一日或几日的记忆残余，很多梦并不涉及童年的心理创伤。我觉得这有一定道理。俗话说：日有所思，夜有所梦。梦和最近发生的事总会有一些联系。我发现意外的这种特点更明显，尤其是比较小的意外。对意外的心理分析，可以多层次、多角度的解析。"象征性重现"是其中一种很重要的分析思路，本书中有大量应用。

除了释梦，这种"象征性强迫重现"在神经症方面也有很多这种现象。很多的强迫症就是在做一些仪式性的东西，也可以说是"象征性强迫重现"的一种方式。

强迫症的行为、动作都是有特殊含义的，也都是象征语言，其在不停地"象征性地重复过去"。这种形式虽然和梦、意外不同，但心理运作机制相同。不和当事人深入探讨，我们就不会知道他们究竟为什么这样做。比如强迫洗手，就是想通过洗手这种形式，来洗去心里的肮脏。《麦克白》里的麦克白夫人和丈夫共谋杀死国王后，她就一再洗手——想洗去她手上的血腥。

这是弗洛伊德的一个案例：

一个女子走进了弗洛伊德的诊疗室，说："有一件事困扰了我很久，说来也许会让你觉得很好笑。我每天总会好几次从一个房间跑到隔壁的另一个房间，按铃要女仆过来。其实也没有什么特别的事……女仆进来后，我不是交代她去做一些琐事，就是干脆挥挥手要她离开。然后，我又回到自己的房间。但没过多久，我又重复同样的动作。"

"那个房间里有什么特别的东西吗？"弗洛伊德开始询问。

女子想一想，说："也没有什么特别的东西。房间中间摆了一张餐桌，我就站在餐桌旁边叫女仆进来。"

"每一件事，不管多么怪异，都一定有它的原因，只是我们现在还不知道而已。这就是潜意识的心理运作。我们要寻找驱使你做出那些动作的潜意识原因。"弗洛伊德让她躺在长沙发上，开始提问，"你结婚了吗？"

"十几年前就结婚了，但现在，我和丈夫分居。"

"有什么原因让你们分居吗？"

"唉，这个说来话长……"女子叹了口气，仿佛陷入回忆之中。

十几年前，她和一位年长她许多的男人结婚。在新房里，他们从一开始就各有一个房间。"新婚之夜，我丈夫一再地从他的房间跑进我的房间，一再地尝试要和我行周公之礼，但他那个……东西却不听话，阳痿不举，每次都徒劳往返……"

"后来呢？"弗洛伊德冷静地问。

"到天亮时，他气急败坏地说：'等一下女仆进来铺床时，看到洁白的床单，会让我感到羞愧！'说着，就随手拿起一瓶红墨水倒在床单上，但是没有倒在合适的位置。任何人看了，都知道那是虚假的落红。"这时，她忽然从沙发上坐起来，说她觉得这件事和她现在的强迫性动作有关。

"的确是有一点儿关系。"弗洛伊德沉吟道。这件事和她现在的症状唯一的相似之处，是她从一个房间跑到另一个房间，或许还可以加上女仆进来这一幕。"你说你叫女仆进来时，总是站在一张餐桌的旁边，那张餐桌有什么特别的地方吗？"

"餐桌上铺着一条桌巾，桌巾的正中央有一个红色的大斑点。"

这就对了！弗洛伊德终于解开了谜团，也知道了那个怪异的症状所代表的意义。就像我们在做梦时经常运用象征一般，病人的强迫性动作也在运用象征。桌子和桌巾可以代表床和床单。病人在她的症状中其实是在扮演她丈夫的角色——一再地从一个房间跑到另一位房间，然后叫女仆进来，让她看到桌巾（床单）上的斑点。如今，它已经在合适的位置上。

"你之所以一再重复那个动作，是想纠正某些东西。"弗洛伊德说。

"我想纠正什么呢？"女子不解地问。

"当年的新婚之夜，一定让你感到很窘迫。而你丈夫的羞愧更是意料中的事，最后竟用红墨水来掩盖他的阳痿。你现在的强迫性动作就好像在告诉自己：'不！那不是真的。他不必在女仆面前感到羞愧，他并没有阳痿。'它如同梦中的愿望达成，目的是想让丈夫能跨越过去的不幸。"

精神分析认为，人坚持的每一种症状，都象征某种被压迫的愿望。

说到强迫，那有没有类似强迫性质的意外呢？有的，我朋友的女学生在半个月之内右脚连续崴脚九次。有个女生在几天之内，丢了两张公交卡，还弄丢了一把伞，紧接着装有身份证、银行卡、现金的钱包也被偷了。经分析发现，原来她到一个新的地方定居，想开个实体店，但她既没有人脉也缺乏资金，正在焦虑中。一个朋友在一年内，发生了多起跟车有关的意外。经分析发现，他是想改行又不知道做什么。这几个案例经过分析，发现源头都是同一个心理问题，或者是一个大问题下的不同方面。这个大问题对当事人来说非常重要又很难处理，没有办法解决，所以在生活中就不停地发生各种意外。这就有些强迫的意味。

这种强迫性质的意外一般会随着外在事情的变化或者内心的改变而减弱、消失或加强。一年内多次出车祸的那位朋友是因为工作迷茫，找不到自己事业的方向，在重新换了一个行业后就不再出事了。有些人的意外事件会逐步升级。一位男士在两三年内发生过几次车祸。经过分析都是和他的工作遇到瓶颈有关，最后竟然因为打架被拘留了。经过分析，导致这次拘留事件的心理原因还是和他工作中遇到的困境有关。

人的心理冲突、心理问题，大多是为了解决某种痛苦而做出的无效努力。我们就好像生活在一个巨大的压力容器中。随着怨气、怒气越来越大，压力容器变得越来越危险。压力大到一定程度，容器壁上最薄弱的地方就会被压力顶破，使压力得以暂时的缓解。压抑的情绪会通过很多种方式表达出来，心理问题如此，疾病、意外事件也是如此。

噩梦往往提示着内心长期被压抑，对人有重要的意义。大的意外就相当于噩梦，是一种强烈的警示，是被压抑的心理内容反弹到了现实中。如果你读懂了潜意识的提醒，那就是在拯救自己。你听不懂或者不重视，它就会反反复复地出现。如果你觉察不到，就很可能出现灾难性的后果。这种后果包括发生大的意外和得重病。

意外的发生具备时空四维特性，所涉及的每一个细节可能都有意义，分析的时候要充分考虑。

我和一位朋友聊天。她说自己三天前胳膊被蜜蜂蜇了一下，胳膊又红又肿，让我分析一下。我让她把事情经过说一遍。

她说，三天前的傍晚，她和老公、两个孩子一家四口待在屋里。老公和儿子正玩游戏，两岁多的小女儿坐在一个小凳子上玩玩具，她坐在凳子上和他们说笑。这时候从外面飞过来一只蜜蜂。开始这只蜜蜂到处飞，后来在小女儿的头上飞来飞去地盘旋。小女儿也发现了这只蜜蜂，就害怕地一边叫一边用小手扑打。可蜜蜂就是不走，"嗡嗡嗡"地好像发现了花朵一样。她赶快喊老公。她老公赶快跑到小女儿这边来，一巴掌把蜜蜂给打飞了。真巧，蜜蜂直接就飞到了她的右胳膊上，在小臂上狠狠地蜇了一下。她痛得大叫，惊慌中用手乱打，把那只蜜蜂给打跑了。儿子这时候要去追着打，她惊魂未定地对儿子说，那只蜜蜂蜇了人，也活不了了，不用去管它。她看了看胳膊，胳膊上还留着那只蜜蜂的蜇人工具呢。她把那只刺针小心地弄下来。一会儿胳膊那里就又红又肿，很痛。

我说："痛代表着急、害怕、生气等情绪。蜜蜂的蜇针代表性，蜜蜂蜇人可以象征性生活。你想一想最近怎么了？"

她说，她知道是什么事了。原来她和老公过夫妻生活的时候没做防护措施，自己怕意外怀孕，担心了好几天。

我问她担心什么。

她一下子提高了嗓门，大声说："养不起呗，在北京养一个孩子得多少钱啊。我现在已经有两个孩子了，很知足。还有就是怀孕后到孩子出生，好多事情都干不了，很多机会都没了。我那小女儿现在刚省点儿心，我不想再折腾一回了。"

我笑了笑，说："你不会告诉我，你的这个闺女就是意外怀上的吧！"

她的眼睛睁得很大，惊讶地对我说："你还真说对了，我的这个小闺女，还真是意外有的。我想既然怀上了，就是和我有缘，就留下吧。但我真的不想再要一个了。"

"你这个意外还真是有意思。咱们先说空间。蜜蜂进入你的家里，恰巧你的所有家庭成员都在，说明可能和你的家庭有关。咱们再看过程。蜜蜂开始在你女儿头上盘旋，被你老公打跑了，还打到了你的胳膊上，说明这件事和你们三个人都有关系。但事情的起源和你女儿有关。屋里有四个人，而蜜蜂偏偏是在你意外怀孕的女儿头上盘旋，好像终于找到目标，不是一件很有意思的事吗！蜜蜂的蜇针就是它的生殖器。蜜蜂被你老公打到你胳膊上去了，用生殖器蜇伤了你，就是代表和你老公有关，又和性有关。这不就是隐喻你们的性生活吗！你被蜇则是被动地受到伤害，代表性生活给你带来了困扰，怕意外怀孕吗！"

痛：着急、害怕、生气、怨恨等情绪。

肿：什么事大于、多于预期。

针：代表男性生殖器。打针：代表性交。蜜蜂的蜇针就是它的生殖器。蜜蜂用蜇针蜇人在心理层面象征着性生活。

在这个蜜蜂蜇人的意外案例中，当事人的动作、行为、语言都是有象征意义的。不光她本人的行为，就是她老公的行为，甚至那只蜜蜂的行为，以及所处的环境都是有象征意义的。

就在那个当下，当事人和周围的人、事、物，构筑了一个"全息"的图景。

你还记得吗？前面的案例中，那个女士的驾驶证丢失了一年多。我给她分析完不久，她洗澡后在床垫下找到了驾驶证。其实这个意外还可以接着解读。比如驾驶证为什么会在床垫下找到？还有为什么她是在洗完澡后才发现的？驾驶证在床垫下被发现，代表她承受的压力大，被挤压，发挥空间小。洗澡、淋浴和自我清理有关，可以指情绪、情感的净化，也象征着自我更新、改过自新，告别旧生活迈向新生活。她也确实在找到驾驶证后不久就离职了，去了另外一个城市，也换了一个行业，离开了她感觉越来越吃力的工作。这属于很大的改变了。

梦光怪陆离，很有迷惑性，也很有创造性。现实中的意外表面上没有梦那么绚烂多彩和丰富，可是经过心理分析后，你会发现这些意外事件背后居然藏有一个不为人所知的心灵"桃花源"，此"桃花源"乃潜意识精心设计，落英缤纷，别有洞天，让人叹为观止。

考古专家面对新挖掘的古墓或者化石，在完全未知的情况下，他们小心翼翼，不会放过任何一个信息，既要大胆假设，也要小心求证，最后才能形成一个完整的证据链条。有时看似一个不起眼的物品，却可能成为关键性的证据。考古专家最擅长的本领就是通过解读现场遗留下来的各种物品丰富的信息含义，让那些沉寂千年的古墓或者沉寂万年的化石开口说话，讲述它们自己的故事。侦探也是一样，要对犯罪现场做细致的观察和确证，找寻线索然后进行追踪。从这一点看，我们对梦的分析、对意外事件的心理探索，和考古专家和侦探是非常相像的，都是对现场信息做分析和重新解读，可谓是心理侦探。

弗洛伊德说：未被表达的情绪永远都不会消失。它们只是被活埋了，有朝一日会以更丑恶的方式爆发出来。弗洛伊德的这句话，同时道出了意外"象征性重现"的成因。

内在失衡导致了外在的失衡，内心的纠结、内心的情绪在我们失去觉察的时候，被投射在外部世界，以另外一个面貌重新出现了，于是就出现了那些让人想象不到的意外。

心理学经过一百多年的发展，各种理论层出不穷，已经蔚然大观，在很多领域已经有了很深入的研究，但对意外现象的心理研究，基本上还停留在弗洛伊德时代。我觉得我对于意外现象的心理分析理论，是在传统心理学的基础上，通过融合中国传统思维，把心理学研究的范围给扩大、升级了，把很多过去我们用传统心理学解不开的疑惑给解开了。

万事万物，都是一个螺旋式的上升，又不断地回归，不断地突破。这个世界本就是文化碰撞、借鉴、融合发展的世界。

二、为什么会发生"象征性强迫重现"

精神分析有两个对于人性的重大发现：一个发现是"强迫性重复原则"，一个是"移情"。我们先说说"强迫性重复"。弗洛伊德在 1920 年发表的论文《超越快乐原则》中提出了"强迫性重复"这个概念。"强迫性重复"是心理学上常见的一个现象，意思是指我们会不知不觉地，在人际关系尤其是亲密关系当中，不断重复我们童年时期印象最深刻的创伤或者创伤发生时的情境。即每个存在童年心理发育缺陷的人，都会不自觉地、强迫性地在心理层面退回到遭受挫折的心理发育阶段，在现实中再现童年创伤和经历，重复童年期痛苦的情结和关系。一个女性找了三任老公，她因第一任丈夫是酒鬼而离婚，因为第二任丈夫赌博而离婚，因为第三任丈夫家暴而离婚……原因就是她有个爱喝酒又有点儿家暴的爸爸。爸爸喝多了酒以后，就打妈妈，她在幼年的心愿就是让爸爸戒酒，让爸爸改变。如果爸爸改变了家里就没有问题了。但是当时的她没有力量，也无法做到，那么她找的老公要么是酒鬼，要么家暴，现在她想通过改变老公来满足自己小时候的期待，但无一例外地失败。这就如同一个人会不断地揭开蒙在伤口上的纱布一般，实际上是一种试图治愈童年创伤的本能努力。但是，这种努力会与童年期做过的努力结果类似，总是以失败而告终。而且这种失败会激发下一次的努力。如此循环往复，就形成了强迫性的重复。这种强迫性重复，是所有心理障碍的最本质特征，也是人性的主要特征。

不幸的是，因为这一切都在我们无意识的情况下进行，我们并不知道发生了什么，只是一次又一次进入重复的、无用的模式，我们变得越来越挫败，越来越困惑。我们会不断地重复曾经受到伤害的场景，就像每天都在同一条路上被同一个石头绊倒。强迫性重复的特点和要害就是"不自觉"，因为它隐藏在我们的心灵深处，很难看到和把握。因此，打破强迫性重复的方法，就是更多地了解自己，了解自己的情感、思维和行为模式，把可能导致重复的环节切断，并且勇敢地尝试各种新的、好的体验，以建立良性的心理机制。

我们可以发现，外貌是可以传承的，甚至可以传承多代。很多孩子的举手投足之间就能显现出父母的影子，既然外貌和行为都可以遗传，那么信念、思想和对社会的认知同样可以传承、复制，甚至某些方面可以被放大。

很多时候，我们把不好的经历全部归罪于命运，殊不知命运就在你心中。命运就是我们不知不觉间重复地内在的关系模式。我们要改写自己的命运，就必须打破这种不断重复的、内在的关系模式。这种重复甚至会影响到下一代。人们研究发现：酗酒者的孩子长大后，往往会和酗酒者结婚。父母离异的孩子，长大后婚姻也容易破裂。受父母虐待的孩子，日后多会有虐待别人的行为，并且一代一代往下传递。如果家庭中的父亲或者母亲自杀，那么这个家庭的后代也可能会有自杀的行为，这称为"家庭代际传承"。

弗洛伊德说：这是一个完整的游戏，结束然后循环往复。

精神分析的第二个重大发现是"移情现象"。这个发现是附属于"强迫性重复"原则的，即强迫性重复最主要的内容是童年关系的重复。心理学认为，这种童年关系的强迫性重复是因为"移情"，在现实中再现与童年期与父母形成的关系模式。台湾把移情翻译成"关系的转移"，早年的关系转移到现实的关系中来，咨询中会转移到咨访关系中来。比如，一个父亲在家里很威严，说一不二，不容易接近，那么在这样的家庭长大的女孩，和领导或者权威就不容易形成比较好的关系。但这种大男子主义的男人对她有吸引力又有些畏惧。这是因为她小时候的情感模式就是如此。当这个女孩把这种与父亲形成的模式拿来与其他男性交往的时候，我们就可以说移情出现了。实际上，移情现象是无处不在的。广义地说，人类的所有情感都起源于移情。心理咨询中，移情现象从来访者与咨询师接触的一瞬间就已经开始。只要有人际关系，就有移情。在咨访关系、师生关系、上下级关系里面，最容易产生移情。换句话说，每一个人与别人见面的一瞬间，就会本能地判定面前这个人与自己过去经历过的哪个人相似，然后，就把那个相似的人际关系模式拿来用于移情。此时，我们往往会预期其他人会与从前母亲、父亲或者兄弟姐妹以及其他重要的人对待我们的方式回应我们。

心理学家曾奇峰说：移情是过去的重复，是时间上的错误。

移情是一种梦现象。在梦中，潜意识会引进一个梦中人物，来替代现实世界中一个与做梦人有关的真实人物。梦中一些人物常常这样替代，关系常常被这样置换，目的是避免被伤害。如梦中社会名人的出现，尤其是有钱有势的政坛人物在梦中出现，替代的就是父母。比如前面的案例中，那位女士不喜欢从乡下来的表妹住在家里，但她无法表达出来。于是，在她的梦中，家里就出现了一个让人讨厌的老太婆，并且被她斥责。

替代："以此代彼"就是替代。置换：你对一个人有某种感受，但是把它转移到了另外的人或情况上面。梦中以此人代替彼人的梦太常见了，甚至可以说，绝大多数梦中的人物都是替代。潜意识拿一个人做另外一个人的替身，一定是有缘由的。替代的人和被替代者一定有相像的地方，或者相貌像，或者性格像，再或者名字像。潜意识绝不会无缘无故地随便拿一个人做另一个人的替身。你联想的话都可以找到原型，这是我们释梦的一个思路和技巧。有一个释梦案例，就是让做梦人想梦中的女孩像谁。当事人想不到像谁，但他说梦中的女孩腿部受伤了。咨询师问，他认识的女孩里谁的腿受过伤。他说是前女友，而且受伤的部位是同一个位置。这就明白了，原来这个梦中的女孩是她前女友的替代。弗洛伊德的一个案例是这样的：梦者在沙漠中看到三头狮子，其中一头向着她哈哈大笑，但她并不感到害怕。为什么不怕呢？原来她父亲留着一把大胡子，就像狮鬃一样。

梦中的移情对象可以是人，也可以是动物、植物，以及各种物品。比如你的老板比较凶，你的梦中可能用老虎等猛兽替代；你的妈妈是个任劳任怨的人，你的梦中可能用奶牛替代；你同事总爱呱呱乱叫，你的梦中可能用青蛙替代；某些人很渺小、不起眼，你梦中可能用蚂蚁替代。一个事物之所以能够被用来当作梦中的象征符号，是因为它符合做梦者的个人认知系统。同样是狗，在不同的人梦中出现，狗的意象所代表的含义不一样。狗在一个爱狗的人梦中出现，是忠诚的朋友。与之相反，狗在一个怕狗的人梦中出现，就是可怕的敌人。

　　荣格对于移情的观点是：当属于主观与内在心理体验的内容，在与他人或事物的外在世界的关系中被体验到时，那么我们就可以把它称为移情。这意味着我们所意识到的这些内容，实际上正是我们自己内在心理结构的一部分。

　　一个女子爱慕一个男同学，但她不愿承认。"一个女孩子怎么能主动爱别人呢？何况这个同学还对她一副冷冰冰的样子。"她从心底里不愿承认。但在梦里，她梦见了刘德华和她在一起。她自己都不知道，刘德华只是一个借代。直到有一天她发现"那个小子"长得还真有点儿像刘德华。这时她才知道自己真正的梦想是什么。

　　这些移情往往约束的就是自我对泄欲对象或者泄愤对象的盲目的非道德性。它们可以将我们对不恰当的对象的情绪转移到较恰当的人或者物身上。前面说的梦中打老狗案例，就是由于受到婆婆的虐待，她想狠狠地揍婆婆一顿泄愤。但是社会的伦理道德不允许她这么做，在无意识里，只能打狗泄愤。于是她就把对婆婆的愤怒转移到狗上面了。我的那位朋友不喜欢从乡下来的表妹住在家里。她不敢对表妹说出自己的想法，就是怕表妹认为自己变成了一个无情无义的人。如果表妹回家向亲属说起这件事，更会让她受到道德的谴责。于是，梦中的移情，使你既出了气，还没有造成实质性的伤害或冲突。

　　生活中的移情现象很多。比如"爱屋及乌""恨夫及子""指桑骂槐"等，这些都是移情现象。

　　能量是守恒的，负面情绪能量一旦产生，便不能消失。那些我们不愿意看到、面对的情绪情感，都暂时被压到潜意识里。但那股能量总是伺机而动，随时要从潜意识里窜出来。让那些压抑的情绪爆发出来，只需要一个导火索，而最好的导火索，就是出现一个合适的移情对象。

我们看看意外事件中的移情案例：

一位女生把手机丢在出租车上了。她早上老迟到，那天就打了个出租车。到公司门口她把手机往身边一放，就从包里掏钱、给钱、下车。然后司机师傅一脚油门就走了。她说："司机起步非常快，而且我也没有要发票，就是眼睁睁地看着手机丢了。我自己也有过觉察，我有一个信念就是：有什么用呢，毫无办法，很无奈。"

我问她那个司机是个什么样的人。

"司机大概是个50岁左右的中年男人，中等身材，话少。他一直没有回头看我。现在我想到他的时候，突然感觉有些害怕，有一个词'冷酷'从脑子里蹦出来。"

"嗯！你是去上班，那你想想公司里有没有这样的一个男性呢？他抢走了你的什么东西，可能也不是有意的，但客观上却造成了你的损失。"我问道。

"确实有这样一个人，是我的领导。想想他们还真的非常像，只是想不起来他抢了我的什么东西。"

一时想不到是很正常的。我继续提示她："就是说本来是你的，却被他拿走了，钱啊、物啊、机会啊，让你有失去的感觉。"

"你说到机会，我有感觉了。我觉得是我失去了一个机会。跟我看到那出租车开走的感觉是一样的，不是被人强行拿走的，而是我主动失去了。我是市场部副经理，但是一直也没有做出什么成绩来。我自己一直很自责。听说有一个部门要兼管我们两个市场部门，只是还没下最后的通知，表面看起来一切风平浪静。如果说我失去了什么，就是失去了领导对我的信任。"

"噢！失去了领导的信任，领导不在关注你了。就像那个司机，既不和你说话，也不看你。"

"刚才又体会了一下，当时丢手机的感觉和失去领导信任的感觉确实很像，虽然无奈但也平静。通过刚才的分析，我感觉心里愈加平静了，对失去也就更能接受了。"

出租车：汽车一般是代表自己或者自我。乘坐出租车时都是别人在开车，象征着自己不想努力而是想依赖别人的心理。

她做市场销售，是市场部副经理，可以说从事的是和人沟通的工作。手机就是沟通的工具，代表和人沟通。她在面临公司机构内部调整的时刻，失去了领导的信任和支持，等待着部门被兼并的命运。而她的手机也因为自己的失误，适时地被一个和领导气质很像的出租车司机带走了。司机把握着汽车的方向，正好可以象征公司的领导，这就是我说的移情替代和"象征性重现"。那么这个有移情替代作用的出租车司机是怎么回事？为什么在这个时刻会出现这样一个人？我认为，还是潜意识发挥作用的结果。你讨厌老板逼迫你完成工作任务，在你的梦里，老板就会以另外一个人的样子出现，潜意识会自动寻找和你的老板匹配、有几分神似的人，或者凝缩几个人的特点来合成出一个人，来替代你的老板。同样，在现实中发生的意外，潜意识也会自动寻找和你的老板有几分神似的人。

在意外中，潜意识不会无缘无故地寻找替代对象，一定是和原型有相似之处，我们也是通过联想找到原型。潜意识寻找替代的这个最佳象征物，无论是人还是动物，这一切都是潜意识的自动运作。潜意识会"自动搜索、择优录取"到最匹配的那一个，它的标准就是该象征物和你被压抑的那部分心理是相对应的。

随着网络的发展，人们的生活越来越便捷，你想寻找什么资料，只要打开电脑上网，在搜索引擎上输入关键词，点击确认，你需要的资料就显示出来了。甚至在很多时候，你和朋友在聊天工具里说要去哪里玩，想吃什么，然后你打开一些网站，那些网站居然把你想要的信息直接推送给你，你连搜索的过程都省去了。我们内在心理和外在世界的匹配是潜意识运作的，最深层的潜意识就相当于那些网站的后台。你并不需要打开搜索引擎、输入关键词。你没有觉察的、被忽略的潜意识，就是关键词，一切都是自动的，而且是把你的内在语言转化成有象征意义的事物，把优化后的结果直接呈现在你的现实生活中。

内心积压了很多情绪，会导致什么样的意外，这是我们的意识控制不了，也很难预料的。要防患于未然，所以我们要提高内在觉察能力，留意到自己有哪些情绪了，在哪些方面失衡了，然后及时调整就可以避免很多的意外。

十年前，一位女生应聘一家征婚网，做市场策划工作。她在那里的工作还算顺心，但是发生了一件让她到今天回想起来，都会觉得非常"奇怪"又"有趣"的事情：她在那里工作的一年之内，居然一连丢掉了七个水杯！当时，这让她大为恼火，和自己生气。但是事后她也为自己的这个经历津津乐道，经常对别人说起。她一直以为，这件事是由于自己粗枝大叶的性格导致的，没有过任何怀疑，直到遇到我之前。

我先让她说说事情的经过。

她说："我每次丢水杯都是在早上去上班的时候，而且是在公交车上丢的。我上车的地方，距离始发站不远，所以我几乎每次都能坐上座位。水杯比我的挎包大，我就只能把它拎在手里。因为起得早，我还是很困，就会把水杯放在我旁边的位置上，再眯上一小觉儿。然后我迷迷糊糊地听到报站的声音，就会惊醒过来，急急忙忙地冲下车。我每次都是下车后才发现杯子忘拿了，还在车上呢，再想追公交车已经来不及了！"

"你需要坐很长时间的车吗？"

她笑着说："最气人的就在这里。其实我家离公司并不太远，只有短短的5站地。"

每次都是发生在上班的路上。那么，整个事件很可能和公司或者工作有关。我问她："你告诉我，你为什么要去一家征婚网工作？"

她说，她那时在原来的公司爱上了一个因为离婚而受伤的高管。于是，她很想知道如何让他解开心结并接受自己。而那家征婚网的同事，多数都是心理学专业或者国家二级心理咨询师。在她眼里，他们都是非常厉害、非常专业的人士。公司服务的客户群体又是高端人群，并且很多是离异的，跟那位高管的情况很相近。她非常想从这个群体中得到帮助，解决自己的问题。

"那结果呢？"

她想了又想，回答我说，刚开始的时候还行，她感觉有些收获。可慢慢地发现，那些同事和老板，并不能够给自己帮助。她当时遇到了很多的情感问题和心理困惑，在这里并没有得到什么解惑和滋养。因为那些同事，表面看有各种头衔，但大部分只会讲一些心理书籍里的大道理。听他们讲的时候感觉很好，说得真对，但是听完后感觉一下，其实对自己的内心没有什么实质上的帮助。而且那些看似真理的话，只是他们从别人那里学来的，不是他们自己的智慧，不是他们自己的体验，都是书上的一些概念，真的不能够给她的需求提供任何的帮助，更不要说给她滋养了。于是她一年后选择了离开。

答案终于呈现出来了，这个"滋养"恰恰和水的特性、水的象征意义有关，而水杯恰好是盛水的容器。在这里，正是公司这个容器没有滋养到她，从而引发她不断地丢失水杯。

我给她做了解释，她表示认可。可是为什么是七个杯子呢？这个数字"七"又代表什么呢？我一边思考着一边仔细地观察她。

这时，我发现她低着头一边思考，一边掰着自己的手指头，还一边点着头，嘴里在喃喃自语，不知道在说些什么。她突然像是惊醒一般，猛地抬起头来大声说："我忽然想起来了，在我离职的时候，除了我，当时就好像是七个人！"

我立刻说："你确定吗？要不你再数数？"

她又认认真真、仔仔细细地数了好几遍，非常肯定地说："公司一直在招聘新人，也不断地有人离开。但在我辞职的时候，真的是除了我之外，老板和所有同事加起来就是七个人！而且在我工作的一年里，人员在绝大部分时间基本维持在七个人！"

我松了口气，欣喜地说："噢！这下终于知道为什么是'七'个杯子了，原来如此啊。"

我经常说的一句话就是：世上的事，没有偶然，所谓意外事件背后，必然有着深刻的心理原因。

这个女孩带着自己的情感问题应聘到一家看似非常专业的平台，想通过这铁打的营盘里流水的七个同事，解决自己的情感困惑，但是这些同事的知识和经验滋养不了她。她或许早就感知到了，只是她自己不太愿意去接受，又或者是她贪恋于那些外在高大上的团队的教育背景，还对他们存有侥幸心理，有所不甘心。但是她的潜意识是无法欺骗的。案例中，水杯是显性，同事是隐性，七个丢失的水杯就像她内心里想丢掉的七个同事。她最后的离开，也是遵从了潜意识的引导。我们每个人都带有自己与生俱来的智慧，它知道并提醒我们正确的解决方法。只是我们很多时候，不愿意相信自己。于是，外在便会发生一些意外来提醒我们，并引起我们的关注。你如果不关注，就反反复复地来提醒你，直到你外在的行为和你的潜意识一致为止。

意外是潜意识发出的信号，它的目的就是想让你的意识知道，可以视为潜意识的提醒，提醒你内心的失衡。目的是告诉你，此时你需要调整了。而且这种意外到什么程度为止呢？就是不达目的誓不罢休，让你的心理能量平衡为止，虽然你的意识并不知道，潜意识一定要把该说的都说完。当然就这个案例来说，如果不丢够七个杯子的话，我们也不会知道潜意识到底在说些什么。反过来说，她如果不丢够七个杯子的话，她也不会辞职离开，一切都是刚刚好。

弗洛伊德强调："象征作用"中，替代物的产生在很大程度上是无意识的，而且是在防御的帮助下产生的。也就是说象征作用和象征性活动都是压抑和被压抑力量相互妥协的结果。

人生没有偶然，只有必然。你以为的偶然，其实都是你看不见的必然。

偶然是一种表象，是必然性的一种表现形式。没有必然性的偶然事件是不存在的。有人说这个世界的产生就是一种偶然，甚至说所有事物的产生都归结到一种偶然。这种只看表象而不究实质的看法显然是错误的。在偶然的背后一定藏着某种必然，只是我们有没有发现其内在规律。

作家沈从文说："凡事都有偶然的凑巧，结果却又如宿命的必然。"

意外就是心理能量失衡，然后潜意识和外界发生了"同频共振"和"感应"，外界通过象征来呼应、配合和显现，所以才会发生很多不可思议的事件。我们可以用中国的传统理论"天人感应"来解释这个现象。《黄帝内经》天地人系统中的人与天相通的总原则是："同声相应，同气相求"，都是指世间万物具有"各从其类"的特性，同类事物相互感应。用现代词汇讲，就是"同频共振，同质相吸"。

人是宇宙大系统的一部分，天地人建立了互感互动的全息联系。所谓天地是一大人身，人身是一小天地。人可以与天合一、与人合一、与世界万事万物合一。人可以与人、与天、与地、与物、与事等发生感应。宇宙间的一切事物都同其他周围事物有着相互联系。每一种事物的内部各要素、各部分之间也相互影响、相互制约。虽然人是宇宙这个大系统中的一个局部，但是完全能够体现出属于系统的共性。

三、强迫性重复和象征性重现的区别

"强迫性重复"和"象征性强迫重现"这两个词看起来意思很相近，我为什么还要再创造一个词呢？现在讲一讲强迫性重复和象征性强迫重现两者的区别。

1. 应用范围不同。

强迫性重复是指在人际关系尤其是亲密关系当中，不断重复我们童年时期印象最深刻的创伤或者创伤发生时的情境。它只发生在人和人之间，是行为和关系的一种重复。而"象征性强迫重现"不单发生在人和人之间，还可能发生在人和动物、植物或者各种物品之间，以象征的形式出现，同样也是带有一定的强迫性。可以说两者的应用范围很不相同。象征性强迫重现比强迫性重复应用范围大得多，广得多。

2. 涉及人群不同，其性质、发生次数也不相同。

强迫性重复更多地发生在父母、爱人或者熟人之间，陌生人之间很少。比如你和单位领导的关系就可能重复了小时候和父亲之间的关系，和老公的关系重复了童年和父亲的关系等，而且容易多次发生。"象征性强迫重现"可以发生在熟人之间，但更容易发生在毫无关系的陌生人身上，而且绝大多数情况下只发生一次。那些陌生人作为意外事件的参与者，都只是临时客串了一下就消失了，就像梦中出现的那些具有替代作用的人一样。比如在"被人泼水的"案例中，她是被一个不认识的年轻人泼了一身水；那个"马路边捡一块钱"的案例，马路边站着的五十多岁的男性，就替代了聋哑学校的校长；在手机丢失的案例中，出租车司机临时替代了公司里的领导。在各种各样有关汽车的意外中更是如此，如发生追尾、碰撞等，双方转身后就各奔东西了。

3. 时间阶段、周期不一样。

儿童期的心理发展极其重要，也是形成人格的重要时期。儿童期的情感缺失对人的一生影响极大。所以意大利教育家蒙台梭利说过："儿童出生后头三年的发展，在其程度和重要性上，超过整个一生的任何阶段"。"强迫性重复"一般和儿童期有很大的关系。童年的心理创伤是一种强大的力量，会在人生中一再重复，属于大的循环，时间周期甚至贯穿了人的一生。"象征性强迫重现"是现阶段的重复，一般不涉及童年创伤，多和最近发生的事情有关，时间多是在几天、一周、一两个月以内，很少会超过一年。

强迫性重复和象征性强迫重现都来源于移情。可以说，如果没有移情，就不会出现强迫性重复和象征性强迫重现。

第八章　文化的互补

一、中西方思维的比较

前面我说了，弗洛伊德研究生活事件的范围比较窄，很多意外他都没有涉及。后来的西方心理学家也没有人研究。为什么会发生这种情况呢？

《思维的版图》一书的作者尼斯贝特（美国）研究了东方文明和西方文明之间的思维到底有什么不同。作者带领他的团队为好几个州的多个国家的人做了很多心理学实验。下面列举几个实验结论：

关注和感知的模式：东方人关注环境而西方人关注物体，东方人比西方人更喜欢研究事物之间的关系。

关于世界构成的基本假设：东方人看到的是物质，西方人看到的是物体。

对环境的控制能力的认知：西方人比东方人更相信对环境的控制能力。

对静止和变化的看法：西方人看到的是静止，东方人看到的是变化。

解释事件的方式：西方人关注物体，东方人看到的包括环境在内的更为广大的网络。

　　组织世界的习惯：西方人喜欢归类，东方人更强调各种关系。

　　对形式逻辑规则的运用：西方人比东方人更喜欢用逻辑规律来理解事件。

　　对词语的学习：西方人从名词开始认识世界，东方人从动词开始认识世界。名词意味着万事万物都是独立的，动词意味着万事万物都是联系的。

　　东方人从整体的角度看世界。他们善于发现各种事物间错综复杂的关系。在他们看来，世界是复杂的、易变的，各部分又是互相联系的。

　　西方人像古希腊人一样，他们从分析的、个人主义的角度看世界。在他们看来物体是脱离环境的孤立个体。他们认为事件的发生是直线式的运动。他们还认为是自己在亲自控制事件的发展。东方人看到的是环境中的物体。西方人则更关注物体而轻视其背景。他们比东方人看到的一定环境中的物体和关系要少得多。

　　如果把东西方的哲学思想放在一起比较，就会发现，西方哲学明显是"外求"型的，恰恰是这一特性直接导致了科学的产生和发展，大大促进了人类社会的进步，也同时使人与人之间的生存竞争更加显性和激烈。而东方（此处指中国）的哲学是"内求"型，即向"自心"追寻求索，虽然不够清晰，但形散而神不散。所以人和人之间讲究"谦逊"和"礼让"。这恐怕也是中国历史上没有发展出科学的原因。

　　简单说，因为西方是"心物二元"的思想长期占统治地位，西方的研究都是分科而学，逐一研究，最后再拼到一起来认知完整的世界。研究物理的科学家研究物理，研究化学的科学家研究化学，研究医学的只研究医学，研究心理的只研究心理，然后从大的科目再不断地向下细分，产生若干的分支。所以西方更擅长推导式逻辑思维，逻辑思维对科学研究意义重大，但线性的逻辑思维，很难把天、地、人以及环境联系起来看成一个有机的整体。而东方是"整体论"思想。所谓"整体论"，就是儒家和道家都在讲的"天人合一"，心和物不可分，精神和物质不可分，"一即一切，一切即一"。对于中国文化中"天人合一"的整体思想，绝大多数西方人是不容易理解的。中国人所说的"天人合一"，是指天、地、人三者合一，这三者不会单独存在。在传统的西方人思想里面，天跟人没法合一。因为他们的所谓天就是上帝。上帝是主宰人类的，而人永远是人，人只能信仰上帝、追随上帝，而不可能变成上帝。这条鸿沟是无法逾越的。所以说，对于更广泛的意外现象，西方"见木不见森林"的思维方式是很难做出解释的。中国人知道，世界上有看得见的部分，就会有看不见的部分，而往往看不见的部分决定着看得见的部分。西方重视看得见摸得着的部分，中国古人更重视看不见的那一部分，即事物背后的规律。从中西方擅长的这两种思维方式来看，中西文化正好是一阴一阳，是一种互补关系。

中西方的思维差异很大。就拿筷子来说，中国人会说"一双"筷子，而西方人会说"两根"筷子，这种差异完全是两种文化的思维方式不同而造成的。"两根"是有一根加一根组合组成的，而"一双"是相互依存、同时存在。谁也离不开谁，离开了一根，另外一根就失去了意义。这筷子正是中国阴阳哲学思想在生活中的体现应用。

西方的哲学是"分"，无限地往下细分。中国的哲学是"合"，是合一，人与人合，人与地合，人与天合，人与天地合，人与宇宙合。中国人追求探索的是宇宙中无形的规律，也就是"道"。中国哲学和西方哲学相比更宽广，更博大，也更包容。

人类文明最终的目标是认识真理，东西方是从不同的两条路登山，最终一定会在山顶相遇。现在已经可以看到这个趋势了。你去看看当代科学最前沿的理论：量子力学、弦论、多重宇宙、多维空间……你会看到西方人通过这一套基于"西学"体系的科学方法，和中国古人"整体论"认识的宇宙真相已经越来越接近。我们相信最后一定会发现这两种思想体系完全一样，是殊途同归。

在西学东渐的同时，东学也在西进。近现代以来西方有很多人都在研究东方的传统思想和哲学，比如易经、禅等。西方对中国的了解，早已经不再简单地停留在美食和功夫层面。像20世纪60年代末至70年代初从美国兴起的超个人心理学（被称为"心理学中的第四势力"，行为主义是心理学第一势力，精神分析为第二势力，人本主义为第三势力），其代表人物都认为要向东方文化学习，从东方文化中汲取营养。并受以下几种理论极大的影响：佛学理论（禅修）、中国传统哲学思想、道家思想、气功等；古印度的梵、瑜伽等哲学思想、冥想等；苏菲密教；巫术等，目的是人类开发潜能，通晓真理，了解自我，超越自我，回归心灵，乐于助人，得到超越性体验，甚至指明人类心灵的前进之路。

二、科学的精神

自从科学诞生以来，研究的对象，取得的成就，多是在物质领域，在人的意识领域还知之甚少。毫无疑问，我们现代文明重科学而轻心灵，重物质而轻精神，更注重外在物质的世界，而非内在的精神世界。它们之间已经严重失衡。失衡的结果就是人们的欲望越来越强，压力越来越大，社会上各种心理问题和各种重大疾病问题层出不穷，且越来越猛烈。我们学习心理学，不是去洞察别人的内心，而是走一条通向自己内心的路。我们唯有学会向内看、往里听，倾听我们内在的声音，我们才能找到真正的自己，才能真正地觉醒。

荣格说："向外看的人还在睡梦中，向内看的人正在醒来！"

科技发展到今天，我们看到的世界，仅仅是整个世界的5%，还有95%我们不知道的物质。这和一千年前人类不知道有空气，不知道有电场、磁场一样，我们未知的世界还很多很多，多到难以想象。即使今天，科学对人类意识的研究依然只处于萌芽阶段。

实践才是检验真理的唯一标准！

20世纪初，量子力学和相对论，开启了现代物理学的新时代。在量子力学获得进展后，人们开始发现，这个宇宙和我们所感知的不太一样，所谓量子纠缠、测不准定律、叠加态、量子坍缩、量子自我干涉、薛定谔的猫不断地刷新了我们对宇宙的认知。

我们不要用有限的知识去看待无限的世界。"我们学习的最大障碍，是那些已知的东西，而不是那些未知的东西。"这是德国生理学家贝尔纳说过的一句名言。

无论文化方面还是科学的进步，既是人类共同的成果，同时也给后来人在思维上设置了限制。世界是如此未知，保持对生命的好奇，打破固有的观念，保持对自然的敬畏之心，才能让我们在继承中创新，让社会更加进步、和谐。

第二部分　意外案例集

第一章　身体的意外

一、崴脚——情绪的表演

一位男子在网上找了一个汽修厂焊工的工作。男子应聘成功后，与对方约定了上班时间、地点以及薪资。可是没想到男子在上班的第一天，还没到一个小时，就从罐车上摔了下来，脚后跟粉碎性骨折。男子要求汽修厂赔偿 3 万元。

崴脚是生活中很常见的意外，有轻有重。上面的这个案例就挺重的。最近，我的一个朋友也是左脚踝不小心崴了，扭伤、韧带撕裂，现在住进了医院，左脚打了石膏。

我让他描述一下意外发生的经过。

他说："那天下午我去公司时崴的。因为约了人在公司谈业务，我就想抄个近道，出了小区走了一条不常走的路。那条路是土坡上的石阶路，高高低低的，周围还有很多树。因为着急赶时间，我一边打电话，一边低头匆匆地赶路。当时，我正从坡上下台阶，马上就到平地了，从斜刺里猛地闯出一个人。他动作很快，差点儿撞上我。这件事发生的非常突然，吓了我一大跳。我下意识地扭头看了他一眼，脚下就踩空了，一下子摔在地上，把脚给崴了，手机也扔了出去。我坐在地上半天没起来，感觉天旋地转，头晕晕的，期间还呕吐了几次。"

"你去公司和人见面，想抄个近路，结果受到了惊吓，摔倒时把脚崴了，是吧？那你看清楚那个人长什么样了吗？"

"是个男的，四十多岁，长得很高大，但是没看清具体模样。当时，真的吓了我一跳。"

我说："噢！一个男的，四十多岁，长得很高大，突然出来吓了你一跳。看看你能想到谁，或者你能想到什么？"

"啊，我想到了那个合作者，他是个男的，今年不到四十岁。我说的公司其实是他的。我用他的一块场地办公，每月交给他一些费用。我们的合作条件早就谈好了，合作时间也不短了。今年他的业务发展很好，正重新制定公司的规章制度。他想改变原来与我合作的方式，而且事先没有和我商量，就直接拿出一份协议。他说，这样做是为了公司统一管理，让我马上和他签合同。这让我很难受。他的态度强硬，还给我定了一个截止日期。对于我来说，他的条件过于苛刻。如果他执意这么做，那我就得走了。这件事让我感到非常突然和猝不及防。现在我很被动，只能想办法再找个有场地的合作者或者自己单干。但时间这么紧，合适的人根本不好找。我正着急呢，就出了这事。"

"这样啊，他让你签合同是什么时候的事？"我问。

"有两个多月了，这些日子我一直在想办法。"

我问："有解决办法了吗。"

"我决定自己做，正在找场地。截止日期马上就到了，真是越急越出事。现在可好，连动都动不了！"

"是啊，确实挺让人着急。我也帮不上你的忙，我帮你分析一下这次意外的心理原因如何？你知道了原因，或许身体恢复得会很快呢!"我说。

有人做过这样的实验:有人身体受伤骨折,在医药治疗的过程中,如果采用催眠等方法进行心理干预和心理暗示,会比常规康复时间提前30%以上。

"好啊,你来分析分析?"

"你的这次意外,我分析与那个合作者改变你们的合作方式有关,也可以说是你这次崴脚受伤的心理原因。我详细地给你分析一下:第一,你是去公司时发生的意外,所以很可能和公司有关。第二,你是抄近路去的,其实公司不是你的,你只是租了他的一块办公场地。这是一个很讨巧的办法,既不需要过多的成本又能自己做事,可以理解为在公司这件事上你走了捷径。第三,你一边打电话,一边急匆匆地走路,突然出现一个高大的男人吓了你一跳。你看像不像两个月前,你正忙自己的业务,突然那个合作者给你下了通牒,吓了你一跳啊?而且从这两个人的外貌看,从性别、年龄和身材都有一些相似之处。"

他很吃惊地说:"你这么一说,是这么回事,还有吗?"

"有啊!第四,你受到惊吓一脚踩空后摔倒在地,头晕又呕吐。晕是代表左右为难,拿不定主意,不知道怎么办才好。恶心表示排斥某种我们不想要的东西。恶心的顶点就是呕吐,呕吐就是拒绝接受,极力摆脱不想要的东西和无法接受的观念。你多次呕吐,这和你对他提出来的苛刻条件无法接受,是不是很像呢?崴脚一般是代表担心什么事。你原来的担心就是不知道下一步怎么做,是找一个合适的合作伙伴还是一个人单干。现在你决定自己干了,担心的是找场地的问题。再说说扭伤,扭就是什么发生了错位,伤代表受到了伤害。这里代表你受到了伤害,因为毕竟你们原来的关系还不错,他不打招呼就突然改变合作方式,让你感到很受伤。很多情况下，你心里感觉到受伤，身体上就可能真的受伤。"

"你分析得很对。"

"这次意外从开始到结束，短短的几分钟时间，就把你两个多月的境况用浓缩版的方式重新演绎了一遍，有起因、经过和结果，是不是很形象，很生动？"

"是啊，你以前也对我说过身体语言，我没有太在意。今天现身说法，对我有很大触动。"他感慨地说。

两个星期后我跟他联系，他已经找到了一个理想的场地，开始计划装修了！

我经常会遇到因为崴脚而来问我的人。一位朋友问我，他的一位女学生在半个月之内右脚连续崴脚九次，是什么原因？我说可能是对某个女性的担心引发的。过了一段时间，朋友告诉我，他知道那个女学生连续崴脚的心理原因了：她有个闺蜜得了白血病，前些天去世了。她不停地崴脚的时候，正是她闺蜜病情最危急的时候。

梦境和现实是非常像的，只是各自遵循的法则不同。在梦中常见的移情替代现象，在现实生活中也会经常发生。那个崴脚的朋友在路上遇到的"四十多岁的样子，长得很高大"的男子，居然和他的合作伙伴非常神似。他的合作伙伴也是"男的，快四十了，长得很高大"，整个事件以象征的形式重现了一遍他前不久的遭遇，这就是我说的"象征性强迫重现"。

弗洛伊德说：梦是有意义的，也是重要的。我们不会梦到任何对我们心灵生活无关紧要的表述。意外的细节也都是有意义、有原因的，很多关键性的东西都藏在细节中。就像他走得高高低低的石阶路，可以象征他这段时间事业的不平坦、不顺利。下台阶时发生意外，代表事情正在变坏，或者某些方面正在走下坡路。跌倒、摔倒通常意味着失败、失势、失落等。

这个案例发生在室外，可以参考前面发生在室内的"被蜜蜂蛰"的案例，都是从身体层面到感受层面，还有意外发生时的时间、周围的环境，都可以做详细、精准的心理分析。这是一个非常形象、非常典型的"全息"意外。

梦是潜意识的舞台，在梦中潜意识可以尽情地、淋漓尽致地表演，在现实中又何尝不是如此？生活中意外发生的时刻，就是潜意识表演的时刻到了。

在医院里，大概有80％到90％患者的疾病属于心身疾病。剩下的，意外事故所造成的身体伤害占了一部分。过去我们认为这种意外是当事人不小心或者由不可抗拒的力量造成的，和心理没什么关系。但是我发现，如果从心理层面深究的话，即使是外伤，也是由心理因素引发的，也可以算得上是心身疾病。

对于意外伤害，弗洛伊德也给出了他的答案：我通过很多例证可以证明，那些发生于这些患者的明显的偶然性伤害事件，实际上都是一种自残行为。人们有一种自我惩罚的冲动，但是这种冲动被严格监督着，一般情况下通过自我谴责的方式表现出来，或促成人们形成一定的症状。这种自我惩罚的冲动还会巧妙地利用周围的环境，以期寻找表现的机会，或者以人为的方式使环境发生一些改变，直到最后所期望的伤害效果出现为止。对于这样的适度伤害而言，这种情况的发生并不少见。

韧带：是起连接作用的。撕裂：是关系有裂痕，被破坏了。

道、小径：任何道路、街道都指向你目前自身的生活路径。崎岖的路代表实现目标的道路上，充满了困难。

崴脚：一般是代表担心什么事。

跌倒、摔倒：通常意味着失败、失势、失落、地位下降等。

晕：代表左右为难，拿不定主意，不知道怎么办才好。恶心：表示排斥某种我们不想要的东西。呕吐：就是拒绝接受，极力摆脱不想要的东西和无法接受的观念。

二、膝盖被摔伤——爱的竞争和代价

2016 年 3 月，53 岁的鞍山市民张先生在家洗澡时，因浴室地面湿滑，一时不慎摔倒，左腿跪在了地上，疼得差点儿昏过去。张先生立即被家人送到医院。通过 X 光片，医生发现张先生的左膝盖髌骨碎成了 30 多块。正常情况下是取出髌骨碎片，切除髌骨，可这样张先生左腿功能将丧失 80%，甚至走路都成问题。后来经过中医大一位医师的努力，在不切除髌骨的情况下，进行了手术修复，将 30 多块碎骨像拼拼图一样拼回原位置。

我的一个多年好友在矿区当工人。我突然得到消息，他上班时摔伤了膝盖，很严重，还做了手术（后来他还因此而病退了）。

我们见面后，我让他说说当时的情况。

他说："这事发生在我单位的职工食堂，是在吃午饭时发生的。食堂的桌椅就像快餐店的一样，一个长椅子，一排可以坐三四个人。当时我正吃饭，椅子那边还坐着一个人。那个人吃完饭站起来就走了。他一走，他那边的椅子一下就翘起来了。我还不知道怎么回事，就摔在了地上，右膝盖被狠狠地摔了一下。其实就是一个寸劲儿。我爬起来后当时感觉也没啥大事。等过了一会儿就不行了，膝盖开始剧痛。我赶紧叫工友把我送到医院。事后才发现我们坐的椅子是坏的。"

"你当时坐在椅子的哪边?"

"我坐在了椅子右边,靠边坐的。那人一走,椅子那头就翘起来了。我身体是向右倒,把我的右膝盖给摔坏了。"

"你坐在椅子的右边,那个人坐在你的左边,是吗?"我进一步确认。

他说是的。

我接着问,那个吃饭的人是个什么样的人,认不认识。

"是个工友,没有深交,只是见面递根烟打个招呼。因为他年龄比我大,个头也挺高,我见面都是叫他大哥。"

"噢!你认识他,他是一个年龄比你大,个头比你高,你见面叫大哥的一个工友,是吧?"我又一次进行了确认。我好像找到一些线索了,看到了前方云层中透露出的一丝曙光。

"是的。这和我的伤有什么关系吗?"

"这我现在还不知道。"我话锋一转问,"你的哥哥最近怎么样?"(他们一共兄弟两个。)

"被调到外地去当官了,一个新开发的矿区。"他说完这话,吸了一口烟,又补充说,"我哥真是挺厉害的。"

我立刻追问道:"此话怎讲?"

"新矿长指定调他过去,不去都不行,一上任就是副矿长。你看我哥,学历不高,就是能力强,人机灵,跟什么领导都能处一块儿,到哪里领导都喜欢。"(他哥哥很英俊,性格文静,能力还挺强。而他个头较矮,皮肤黝黑,性格也暴躁。)

"你哥就是有能力,你原来不是经常说吗!对了,你哥当副矿长这事是什么时候的事?"

"两三个月了吧。"

"你这次被摔伤的心理原因，我已经有些思路了。"我胸有成竹地说。

他用疑惑又好奇地眼神看着我。

"好，我觉得你这次受伤是和你哥有关，但不是直接的关系。也不是你哥对你做了什么，而是和你对你哥哥的认知有关、心理有关。我是从心理角度进行分析的。首先，你是在工作期间受伤，你摔倒的地点是在职工食堂，所以很可能和工作有关。第二，意外发生的客观原因是你坐的椅子坏了，一个你称为'大哥'的工友站起来走了，造成了你的摔倒和受伤，是吧？站起来，在心理层面是有象征含义的，就是代表什么事正处在上升阶段，比如被提拔、升职这样的事，这就可以和你哥哥最近升职这件事对应上了。还有，你那个工友年龄比你大，个头也比你高，你的哥哥也是年龄比你大，个头比你高，所以在这次意外发生的那一刻，那个站起来走掉的工友在心理层面上替代了你刚刚升职去外地的哥哥。就是说：在你出意外的那一刻，他是你哥哥的替身。"

"这样啊，你是说我的这次受伤和我哥哥有关？"

"其实是你对你哥哥的一些想法、看法引发了这次意外，和你哥哥本人并没有关系。"

他还是有些不解："那我为什么伤到的是右膝盖，这有什么说法？"

"这个也挺有意思，膝盖一般是代表屈服不屈服的，你性格豪爽，也很有正义感，这是优点，缺点是性格强硬，对什么都不屈服、不服气。但是很多事都带着这股劲儿的话，就容易伤到你的膝盖，当然这也是有一个累积的过程。我觉得你嘴上说你哥哥很有能力，内心其实很不服气。你心里越不服气，积累的负面能量就越多。不服气的时间越长，你的膝盖就越容易出问题。身体的一般规律是男左女右，可是你的哥哥文文静静，文质彬彬，说话慢声细语的，你不是老说他像个大姑娘似的吗？所以因为你的这个想法，你这次受伤就伤到了右边的膝盖（男左女右只是普遍性象征，他对哥哥的定义属于偶发性象征，心理解读是具体情况具体分析）。"

"原来是这样啊！"

我肯定地说："对，很多大的意外都是长期的、多年的情绪积压造成的。"

　

一个家庭中只要有两个或两个以上的孩子，孩子之间就会充满竞争。他们年龄越接近，这种竞争就越厉害，尤其是同性别的孩子。竞争什么？就是占有更多的物质、精神的资源。我小时候长辈们经常讲这样一个笑话：有这样的一个四口之家，爸爸妈妈和两个儿子。家里实在太穷了，有一天吃饭时没有菜了，爸爸一抬头看到墙上挂着一幅鲤鱼跳龙门的画，就宣布想到一个好办法：就是大家先吃一口饭，再看一眼墙上的画，假装吃一口鱼，然后再吃一口饭……这样不就行了吗！大家纷纷夸奖爸爸聪明，说是个好主意。于是大家开始吃饭了。大家正有滋有味地吃饭，弟弟突然大哭起来。爸爸问他怎么了。弟弟一边哭一边委屈地对爸爸说："大家都是吃一口饭看一眼鱼，可哥哥刚才趁着你们没注意，偷着看了好几眼那条鱼。"爸爸听了很生气，抢起巴掌打了哥哥一耳光，大骂道："没出息，就你嘴馋！"小时候听到这里我们都会哈哈大笑，感觉这个爸爸真是愚蠢，处理问题的方式真是荒诞。这个哥哥也真是倒霉。就是啊，即使弟弟没有说假话，哥哥多看几眼鱼又能怎么样呢？只是一张画而已，又不是真的鱼，哥哥也没占什么便宜啊。我后来才发现，弟弟这个看似无理取闹的行为，很能说明问题。这就是竞争，而且是相当激烈的竞争。在这个家里，弟弟的唯一竞争对象就是他的哥哥。哥哥的一举一动，他都在用眼瞄着呢，一旦发现利益马上就去争夺，占有一切能占有的资源。物质的要争夺，爱和关注更要争夺。在竞争中取胜意味着自己是重要的、有价值的，这是孩子最重要的心理需求。网上有一个很有意思的视频，视频中的爸爸在辅导哥哥写作业。一道简单的计算题，可哥哥怎么也学不会，气得爸爸一个劲地"翻白眼"。在一旁穿着尿不湿的弟弟观察到了爸爸的表情后，仿佛心领神会，径直向爸爸平时放"棍子"的地方走去，拿着"棍子"递给了爸爸。爸爸这才反应过来，只得哭笑不得地接过了弟弟手中的棍子。无论过去还是现在，只要有兄弟姐妹的存在，就会有竞争发生，只是有时候形式比较隐蔽罢了。同样，孩子在父母眼里不被比较也是不可能的。上面案例中，摔坏膝盖的那位工人的妈妈从小就偏爱哥哥，在人前提起哥哥就一脸的自豪。这让那位工人内心深感受伤。他和哥哥相比，似乎有一个鸿沟，他俩无论是外在形象还是个人能力方面都相差很大，在工作上哥哥步步高升，人前显贵，而他只是一个最基层的普通工人。无论怎么比，哥哥都是更优秀的那个。这种情况从他们小时候开始一直持续到现在。但他的性格却偏偏是那种不屈服、宁折不弯的那种人。

这次意外的导火索是因为哥哥的高升对他的心理造成了很大的冲击。哥哥被提拔、地位上升的同时（那人站起来）就意味着他的地位在下降（他摔倒在地），哥哥这个升职瞬间打破了他们兄弟间保持多年的相对稳定的平衡。就像两个人玩跷跷板一样，一个人上升的同时另外那个人一定是下降。随着哥哥的高升，他和哥哥的差距越来越大，而且是完败！这种近乎绝望的心理反映到这次意外的结果，就是受伤，以至伤残。伤残是影响一生的，就像哥哥对他全方位地压制一样，对他的影响也是一生的。

孩子被忽略、不被重视、没有被父母看到，对孩子是一件非常痛苦的事情！那些没有被父母看到的孩子，用逆反、不学习，甚至打架来吸引父母的注意：即使你骂我打我，也比忽视我要好受得多。发展到更深的一步，有些人就是通过自己的受伤，得重病，甚至绝症来重新获得父母的爱，通过自己的伤残、通过自己的无能和弱小来获得父母的关注，来获得自己的物质需要和心理需求，最后甚至成为一种弱势控制。这被称为"继发性获益"。继发性获益：指利用症状摆布、操纵或影响他人，从而得到实际利益，如特别的关注、同情、减轻或免除工作及其他特权。它与原发的或由疾病本身的获益相对应，后者指在症状的形成过程中使焦虑和冲突下降，而且是周围环境发生有益于患者的反应。

被看见是人类的本能欲望。在关系里的需求无法得到满足，就会从另外一个方面去争取。这个位置你看不到我，我就会去另一个位置，这种方式你看不到我，我就会用另一种方式，直到你看到我。

这种内心需求无法被满足，渴望被看见，同样可以转化为资源，可以让人积极行动，成为努力奋进的动力。

奥地利心理学家阿德勒 (1870—1937) 出生在维也纳，在兄弟中排行第二。他的家庭富裕，但他却认为自己的童年生活并不快乐，原因就来自他的哥哥。他自小患有驼背，行动不便。他的哥哥是母亲的宠儿。相貌英俊、身材挺拔的哥哥使他自惭形秽，觉得自己又小又丑，而且事事都无法赶上哥哥。1907 年，阿德勒发表了有关由身体缺陷引发的自卑感及其补偿的论文，使其名声大噪。他认为，有身体缺陷或其他原因引发的自卑，不仅能摧毁一个人，使人自甘堕落或发生精神病，在另一方面，它还可以激发一个人的雄心，使人奋发图强，以超乎常人的努力和汗水以补偿自己的缺陷，从而成为不平凡的人物。1932年，《自卑与超越》一书的出版，让阿德勒声名鹊起。

最后看一下在释梦中关于"位置的高低""跌倒"的分析：

释梦中"位置的高低"案例：弗洛伊德曾引用一个梦的案例。在梦中梦者演完戏，在楼下换衣服，另外一些人包括他哥哥在楼上换衣服。经过分析，他认为他自己的地位比哥哥高，但是在梦里他使用了"相反"法，变成了他在楼下。

释梦中"跌倒"的案例：在《梦的解析》里，弗洛伊德是这样解读跌倒的：她匆忙出门买些东西，走到格拉本大街。她双膝瘫软，好像垮了似的……弗洛伊德解释说：如果一个妇女梦见跌倒，照常带有性的意味。她正想象着自己是个"堕落的妇女"。目前这个梦无可置疑，因为她跌倒的地方是格拉本大街，而这条大街是维也纳著名的妓女聚集场所。

站起来：什么事正处在上升阶段，被提拔、升职，或者代表地位的上升。跌倒、跌落：表示留级、地位下降、堕落或其他意思。位置的高低：所在位置的高低可以象征人地位的高低，向上或者向下的动作趋势可以象征人地位的上升或下降。

膝盖：一般主屈服、升降，膝盖提醒我们需要灵活、谦卑和接纳，膝盖反映我们屈身、降低姿态的能力。

三、划伤手臂——此情可待成追忆

2019年11月26日，在江苏南京，一名男子洗澡时，不慎脚底一滑仰面摔倒。他正好撞到了玻璃门上并将其砸碎，导致破碎的玻璃直插其颈部。玻璃碎片造成十几厘米的伤口，伤口很深并造成大量失血。男子被送到医院后医生立刻给做了手术，共花费五个小时。手术后患者被送进ICU，后病情平稳。

2019年11月18日，在长沙打工的小伙小孙，在家洗澡时不慎滑倒摔在玻璃门上。被撞碎的玻璃割断了他右腋窝大动脉，鲜血涌流不止。他爬行到门口，敲开了邻居的门后，因失血过多失去意识。邻居拨打120将其送到医院。

有个朋友在家里洗澡的时候意外受伤了，胳膊上缝了二十多针。我知道后打电话慰问。他让我帮他分析一下。

他说，几天前他在家中客厅的卫生间洗澡。洗完从里面出来，他回身一拉玻璃隔断门的时候，那隔断门和墙体连接的螺丝可能松了，隔断门一下飞了出去，撞到对面墙上。玻璃门撞碎了，碎玻璃乱飞。一大块玻璃划到了他右臂的前小臂，伤口很深，流了很多的血。他非常害怕，赶快用毛巾把手臂包扎起来止血。然后他打电话叫人把他送到医院。伤口缝了二十多针。万幸的是伤口看起来很重，却没伤到筋骨。

我问："受伤之前，你在做什么呢？"

"我没做什么，就是上周爬了一次香山，感觉不错，就想再去一次。我的装备都打好包了。那天晚上我想洗个澡就睡觉，准备第二天再去爬香山。结果就出了这档子事。"

"你想一想，有没有什么事，是怕晚了或者已经晚了，然后你有了很多的情绪。这事可能和两性关系有关。"

"我想到了一件事。"他思索了一下，"四年前，我认识了一个女生 B，外表漂亮，学历也高。我那时追她，可人家对我很冷淡，爱答不理的。我一看没希望就不想了，就和一个女同事谈了恋爱。这期间，我和 B 偶尔联系。没多久我就和女同事结婚了。没想到的是，我结婚以后，B 频频发短信和打电话约我。这让我很为难，也很后悔。为难的是，我已经结婚，怎么去呀！后悔的是，为什么不早一点儿这样！我喜欢的本来就是她。是她对我冷淡，我没办法，才找了现在的老婆！有时我还想，要是一个男人可以娶两个老婆就好了。我想了想，只能冷处理，有时短信不回，电话也不接。B 就问我怎么了，我真是有苦难言啊！我不能告诉她我已经结婚！最后我就干脆不回复她了。但我和老婆婚后感情也不好，不到一年就离婚了。这时候，我开始想念 B 了。原来我在婚姻里没办法，现在我离婚自由了，就想试图挽回这段感情，重新和 B 联系。可是这时的 B，早就离开北京去南方工作了。"

"小臂外侧可以代表抵挡，右边一般代表女性。就是说，你在努力地抵挡一个女性。就这件事来说，B 在你婚后对你的主动，你使劲抵挡，甚至有抵挡不住的感觉，最后只能冷处理，以至于你们断绝了联系。你晚上出的事，就是说，你有已经晚了的心理。B 主动联系你时，你已经结婚了。这就是为什么这件事发生在晚上的原因。后来你离婚，你又去追 B，也有晚了的感觉，就是总不在一个点上。这也是你晚上出事的第二个原因。你的这套房子有两个卫生间，为什么意外发生在'客厅'的卫生间？这就是你的那个想法：要是男人可以娶两个老婆就好了。主卧是属于男女主人的空间。如果一个男人可以娶两个老婆，B 就是你的二房太太，因为先来后到吗！她不能在你的主卧。卫生间和性有关，所以这次意外发生在客厅的卫生间，而不是发生在主卧的卫生间，也是说明和B有关。现在我感兴趣的是，什么事情或者什么机缘把这几年前的事给激发出来了？"

"我想去爬香山，因为现在不是冬天了吗？这两天天气预报说，这段时间天气挺好，我就想赶快再去一次。"

"就是这个赶紧去，怕晚了的心理，才导致"当年B追你，你感觉晚了，和你离婚后想重新开始追B没追上"的能量发生了共振，这就是这次意外事件的诱发因素。"

"我知道了，我现在怎么做？知道了对我有什么好处？"

"知道原因了，就有可能化解了，也是对当年的能量波动的一种平复。当年的球被拍起来了，事情经过四年又出来了，如果你现在好好想一想当年的事，把那些心结打开，把当年的信息化解掉，才有可能让那个四年前的球落下来。"

"我想起来了，我的伤口很深，但没伤到骨头和筋。虽然看起来很吓人，流的血也不多，也不怎么疼。这是不是也和当年的心情有关？"

"当然了。如果你当年后悔的劲儿非常大，认为自己的损失非常大，痛心疾首的话，那么你这次的伤或许就很严重。今天的伤严重程度和你当初后悔伤心的程度是一样的。有时候我们开始的心念就已经决定了事情的结果。我只能说，你当初用情深，但是你的损失并不太大，所以你今天才没有伤筋动骨。"

弗洛伊德认为：爬楼梯的梦是一种性象征，因为上楼梯的节律运动和做爱很相似。关于性的梦还有其他形式，比如爬山、爬坡、爬树、爬杆、坐滑梯等，都是爬楼梯这一主题的变形。

　　朋友的这次意外不是在爬山过程中发生的，是在家里发生的，爬山只是诱因。所以我们不能判断这次意外和"性"有关。通过发生地点在卫生间以及上面的分析，我们才知道原来他对一个女性爱而不能，后来时过境迁，他可以爱了，可人家早就飞走了，不在北京了。所谓"繁华落尽春不在，空留遗恨在人间"，正好和他这次意外的细节相对应：他想去爬山，已经准备好了行囊，却因为受伤去不成。

　　他要爬的是"香山"，这个"香"字，可以让人联想到女性。旧时"香"可以作为女子的代称，如"香闺""香汗""香消玉殒"等。他想去"香"山，结果却因为意外受伤，不得不错过今年最后的机会，带着身体上的伤痛而"空留遗憾"。山也是生活目标的象征。他因为意外受伤，没有实现登上香山的目标，可以代表他没有实现和那个女生相恋的目标。

　　感情的事，一旦错过，就是一生！过去了，也许就是永远失去，再也不会回来了。

　　这个意外是由"爱"的时空错位，积累了大量情绪而在机缘巧合之下引发的。爱一个人，爬一座山，追一个梦。他去爬香山，是登高。女生去了南方，是路远。正所谓"登高望远，举首高歌，而斯人早已远去"。一高一远，一上一下，在这里形成了空间上的呼应，达成了一种平衡，再加上本案例时间跨度大，让这个意外充满了一种时空上的张力和美感，让人回味无穷！

　　美国作家威廉·福克纳说："过去从未消亡，它甚至不曾离去"。

　　意识里我们不愿承认、不愿接纳的情绪，它们并没有消失，都会存储到潜意识里。个人潜意识就像记忆仓库、电脑硬盘一样，存储了我们的各种经历。按照能量守恒定律，这些能量虽然看不见，但不会自己消失。压抑越大，反弹就越大，并且伺机而动，寻找一切机会冲出来。外界条件具备了，时机成熟了，那些隐藏在潜意识里的"雷"就炸了。这时就会出现大的伤病或者意想不到的意外。如果他此前做过心理咨询或者自己意识到了问题所在，提前把那些压抑的情绪释放、转化，就相当于把那些"雷"给处理掉了，这个意外就不会发生了。这也是很多人持续地做心理咨询和心灵成长的意义所在。意外发生了，更需要借这个好机会疗愈隐藏的情结，不再影响以后的人生。

淋浴：和水有关，水多代表情感、情绪。淋浴也和清理有关，可以指情绪、情感的净化，是自我更新、清洁去污的过程，也可以指更高形式的爱。

爬山：是生活目标的象征。山的高低大小象征着生活目标的高低大小。登山、爬山象征着达到目标所需要的路程，或必要的努力。此外，爬山、爬坡还是性象征，爬高、登顶代表进入高峰期。

小臂外侧：代表抵挡。在弗洛伊德的理论中，四肢可以代表男性性器官。

四、突发的手术——被挤压的困境

2019 年 5 月，哈尔滨市一位 32 岁的女子，装修房子搬家具时"抻着了"，导致急性下腹疼痛，而且疼痛感越来越重。家人赶快把她送到医院。她被确诊为卵巢黄体破裂，需要进行腹腔镜手术治疗。这个病跟宫外孕一样凶险，出血量太大就会导致休克甚至危及生命。

一位女性咨询师朋友因为搬家具身体出了紧急状况，后来还去医院做了手术。她让我帮着分析一下。经过仔细寻找，发现真的不是偶然发生的。

她说："最近我一直很累。前几天去我妈家，我妈一定要把家里的几件大家具重新摆放。我很用力地去抬一个很重的大衣柜时，感觉体力不支。晚上回家我感觉右下腹有点儿疼痛。开始是肿胀坠痛，还可以忍受，后来呕吐，然后痉挛似的拧着劲儿疼。我半夜去医院急诊，在胃肠科办理住院。医生开腹后发现子宫的外壁膜破裂两处，小肠钻进去两段，造成剧痛的原因终于明了。现在想想搬大衣柜时太用力，估计当时把子宫外壁膜给抻裂了。"

"你是心理咨询师，你觉得这次意外的心理因素是什么呢？"我反问她。

"我觉得和我婆婆有关。我婆婆是今年六月时来我家长期居住的。我家有个比较大的前阳台。她每天都把前阳台摆得满满的，我反对过但不管用。有她的枕头、我儿子的枕头、有我家厨房的锅碗瓢盆菜刀菜板等等，她说是晒晒太阳。她还要把我家的米面都放到客厅，她说厨房太潮（我家的米面都是密封罐装的）。在我的坚持反对下，米面才没有放客厅。对她这种做法，我感到非常不舒服。很多日用品婆婆也是反着放，我看着都难受。我感觉现在家已经不是我的家了，心里有种错位的不舒服的感觉。我觉得这次小肠错位可能和这事有关。"

"你说很多日用品反着放是什么意思？"

"我婆婆总喜欢把洗面奶和日霜之类的日用品反着放，就是倒过来放。本来大头朝下挺稳的，她非得大头朝上。"

我笑着说："那能站住吗？"

"倒着放，站不住就靠着东西或者靠着墙面放。"

"当时，你先呕吐，然后痉挛似的拧着疼。呕吐是对什么事排斥、不能接受。痉挛是失去控制。你的下腹是拧着劲疼的，我分析的原因就是你婆婆经常反着放东西，你看不惯但又不能说。"我向她解释道。

"哦，是这样的啊！我最不喜欢的就是她负能量太多，总是在抱怨。就连她给我儿子收拾衣柜，我都觉得是她在指责我做得不好。我们家的事，我婆婆来了之后什么都参与。这一点我很不喜欢，也没把她当成家里人。夏天的时候我老公要安装空调，我婆婆强烈反对就没安装。快进入冬天的时候我要求家里安装暖气，我婆婆也强烈反对。安装空调暖气是我自己花钱，又不花她的钱。我就是不喜欢她参与我家的事。"

"你内心没有把婆婆公公当成家里人。子宫的形状是中空的，像个房子，可以代表房子或者家庭。小肠进入子宫，就是代表外人强行进入你家了。你的子宫外壁膜破裂'两处'，小肠钻进去'两段'，代表的是进入你家的'两个'外人，你的婆婆和公公。"我说。

"噢！原来是这样！我没有和老公说这些事。我老公有时会和婆婆吵架，我还劝我老公。我儿子有时也觉得奶奶的行为不好理解，我也是劝儿子。我从来没和婆婆红过脸。其实她本质上还是挺好的，心眼并不坏。可我就是怎么都接受不了。"

"很多病就是这么憋出来的！情绪多了，压是压不住的，它一定会找机会出来。疾病和意外都是给我们警示的信号！"

"是啊，我把自我压制得太过了。我在家实在太难受了，我都有和我老公分开的想法了。后来我觉得不能做逃避者，我得想办法迈过心里的这个坎儿。现在的我是先接受'不接受婆婆'的事实。以前我是不允许自己不接受的。接受了这个情绪，我感觉好受多了。还有就是终于知道憋着会憋出病的，强烈的亲身体验啊！这个提醒真的很及时。"她感慨地说。

这个意外的源头是她在妈妈家搬家具时发生的，说明这事可能和家有关、和妈妈有关。但追寻下来，最终发现是和住在她家的婆婆有关。在意外中，妈妈替代了婆婆，因为儿媳对"婆婆"也叫"妈妈"。她给大衣柜重新摆放位置时，因为不堪重负而发生了意外。衣柜、衣橱等家具代表女性。那个很重的大衣柜，代表她婆婆。对于婆婆，她早已不堪重负。婆婆到了她家后，她这个女主人都没有发言权了。婆婆在家里已经反客为主，把她都快逼走了。她想给婆婆重新摆放位置，却无力解决这个问题。

这个案例中"她婆婆经常反着放东西，总喜欢把洗面奶和日霜之类的日用品反着放"是分析的核心。她婆婆的这个无意识的动作意味着什么呢？说明在生活习惯、生活观念上，婆婆和她是完全相反的。两人的习惯和观念差距过大，是无法相融的。婆婆到来后，什么都看不惯，事事做主，俨然以女主人自居。而她又不想和婆婆发生矛盾，只好处处退让。但潜意识里她对婆婆各种不接受，负面情绪积累得越来越多，终于通过一次意外的身体伤害事件而爆发（很多心理问题会通过疾病或者意外身体伤害表现出来）。

据统计：家庭里最大的矛盾就是婆媳之间的矛盾，虽然有的家庭儿媳并不是和婆婆公公住在一起，但依然可以成为家庭里最大的矛盾。

心理学里有一种讨好型人格，是指一味地讨好他人而忽视自己的感受。这是一种不健康的心理状态。人很善良，但做任何事情都以取悦别人为目的，守不住界限和底线，允许别人在自己的生活里指手画脚，最后吃亏、受伤的往往是自己。我们发现，上述案例中的女心理咨询师正是这样的人。要想改变这个现象，可以先从放下面子，学会拒绝别人开始。她还要改变的是：要接受婆婆公公是家中的一员。

衣柜：衣柜、橱子等家具代表女性生殖器，也代表女性。

子宫：子宫的形状是中空的，像个房子，可以代表房子或者家庭。

小肠：是受盛之官，对事物的结果呈自然接收状态。小肠出问题，是对家里不满意，对事情结果不满意，发牢骚。正所谓，牢骚太盛防肠断。

颠倒：意味着生活中的某个方面处在错误的方向上。

痉挛：是失去控制。

五、烫伤——祈盼一生的爱

2020 年 6 月 13 日，沈阳一对夫妻用热水器给孩子洗澡。刚洗到一半就发生了意外，电热水器突然爆炸，滚烫的热水直接洒到了这一家 3 口身上。邻居叫来 120 后把一家人送到医院。经医生检查，3 人的烧伤程度均为重度烧伤。

烫伤是生活中经常会发生的意外。一位女士联系我说，她二十年前上高中时发生了一次意外，被食堂大锅里的开水大面积烫伤，一度生命垂危。她想和我探讨一下发生意外的原因。

"那是我一段不堪回首的日子！"她慢慢地说，"当时我上高二，上学期期中考试刚刚结束。那天我想洗头。没有开水了，我就从食堂大锅里打热水。大锅里的水少了，我爬得太低了，不小心整个人就掉进去了，全身被烫伤的面积达到百分之八十，只有头和双脚没事。因为脚上穿着皮鞋，没烫着。万幸那水不是刚烧开的。刚把我送医院的时候，开始几个医生都不敢接，认为不可能救活。后来一个年轻的医生接了。我被救活了，医院都认为这是个奇迹。我在医院里治疗了四个月，之后就回家了，回家时只有头部会动。我休学一年，第二年才又去上学。"

她当时是学生，意外也发生在学校，那么很可能和学校有关。我先从学校问起，了解一下她当时的学习状况。

"我学习很努力，学习成绩在班上名列前茅。我的压力是有些大，但总体还好，虽然一直对自己不满足。"

"水一般代表情绪、情感。被水烫可能是因为什么事有过于热情、过于好的情绪。你这个意外因洗头而起，头发也是和情绪有关，头发可以代表情丝。你那个时候有没有感情方面的事呢？"

她直接否认了，说自己当时一心扑在学习上，没有谈恋爱。

她既没有学习的问题，也没有感情上的困扰，这倒有点儿出乎我的意料。我想了想，又调整了一下角度："你掉到了食堂的大锅里，这个锅呢，让我想到了'背黑锅'。你有没有什么背黑锅的事情啊？"

"你说背黑锅让我想到一件事。我同桌每次都没我分数高。我爱唱歌，她就跟班主任说我影响她，还说我故意的。其实我都不知道是怎么回事，我有些委屈，好像也没有太在意。"

我立刻做出了判断："这件事是小事，不太可能引发这么大的意外。你的烫伤很严重，有生命危险，还因此休学一年。引发意外的那件事，也绝不会是小事儿，得积累非常多的负面情绪才有可能。"

"你开始一说，我以为就是我同桌告密，激活了我过去积压的委屈，现在看确实不像。我背的最大的黑锅就是家里三姐的事。我上初一的时候，三姐因为对婚姻不满意，服药自杀了。我爸说三姐死了是因为我命硬。我感觉这是让我背的一个大黑锅，是让我感觉最委屈的事儿。"（命硬是从命理上说的，是说一个人的命理特殊，本命强劲，不易受到刑克，适于生长，在逆境面前命硬的人会更容易生存。但是生生相克，本命过硬的人会克到自己周围的人。）

我眼前一亮，看到了希望。这事确实是大事，而且是生死大事，她初一时三姐的自杀，父亲对她的无端指控对她产生了重大的心理影响。但为什么她的烫伤意外会在高二时发生，而不是发生在别的时间呢？是什么事把她几年前的事引发出来的呢？我抛出了我的疑问。

"我又想到了另外一件事。我初中时有一个闺蜜。我们两个人的关系特别好。她比我大几岁，她在家里排行也是老三。我感觉三姐去世后，我那个闺蜜似乎替代了三姐在我心中的位置。后来她上了技校，我上了高中，我们就经常写信。到我高二的时候，我们发生了一些矛盾，开始相互疏远了。"

"应该就是这件事了，你那个闺蜜的离开，再加上你同桌的告密这两件事，就把你当初对爸爸的情绪给激发出来了。你感觉一下，父亲说三姐的死是你造成的，你当时是什么样的情绪？"

"我不相信他们的说法，感觉他们是在推卸责任，所以我既愤怒又委屈。但我一直是压抑的，没有对他们表达过我的态度和情绪。我上初中时很叛逆，对他们没有好好说过话，后来更是能不回家就不回家。我现在想起来可能是愤怒的一种表达。"

"我为什么说是你三姐自杀这件事呢，首先这件事是和生死有关的大事，而且这个生死和你是有些关系的。你的烫伤非常严重，也非常危险，是你生死攸关的一件大事，所以可以和你三姐自杀的那件事相类比。因为你那个闺蜜也是老三，你和闺蜜之间出现了矛盾，就把你三姐去世和你发生烫伤这两件事联系起来了。还有就是你没有表达对父亲的愤怒。愤怒多用火来象征。导致你意外的是热水，水代表情绪。热水和火的象征很接近，热水就是像火一样的情绪把你给弄伤，危及生命。你把对爸爸的愤怒通过意外烫伤这种方式表达了出来。你受到的身体伤害，象征当初父亲对你心灵的伤害，身体的创伤代表内心的创伤。"

她沉思了一会儿，说："我感觉烫伤这件事，好像在弥补我童年的时候被关爱的缺失。小时候，我童年的记忆中几乎没有爸妈的影子，他们每天都很忙。只有三姐能够照顾我。所以，我感觉那个烫伤是我的一个退行。烫伤那段时间，包括出院以后好久，我几乎就是一个婴儿的状态。"

"很好的发现，很好的感悟！那在你住院期间，你父母对你如何，照顾你了吗？"

"没有，不用说照顾了，我住院后，我爸一次也没有去医院看过我，我妈也只去过一次。是我的哥哥姐姐们一直在照顾我。"她的语气中带着悲伤。

听到这里，我心中感到一阵难过。我整理了一下思路，说："我给你简单分析一下：小时候，父母没有照顾你，你的母爱是缺乏的。三姐一直在照顾你，三姐代替了你母亲的位置。在你上初一的时候，三姐离开了你。在你失去三姐（母爱）的时候，这时你身边正好出现了一个好朋友。巧合的是，她在家排行也是老三，又大你几岁。所以很自然的，她就代替了三姐在你心中的位置。后来在你高二时，你们发生了矛盾，彼此疏远分离，就像当初你三姐的离开。这时的你，闺蜜留下的那个位置需要有人来填补。当然，最好就是你母亲本人。你的烫伤就是这时候发生的。整个过程好像一个情感接力。"

"如果是这样，这次意外似乎是我寻求情感寄托的一个方法？"

"嗯！就是说，在你的生命里，总会有一个照顾你、和你亲密、替代你母亲的人，开始是你三姐，后来是你闺蜜，烫伤后是你的哥哥姐姐。你的童年母爱是缺失的，他们都在你不同的人生阶段临时充当了母亲的角色。在你心中，最深的渴望就是来自母亲的爱。可是一直到现在，你都没有得到过真正的母爱。"我总结完了，然后轻轻地叹了一口气。

"应该就是这样，我明白了。"她长长地出了一口气说，"妈妈年纪大了，我现在只想让她安度晚年。我有些东西已经放下了。"

每次遇到一个难以解读的案例时，我都试着从多个方向、多个角度进行探索。因为我坚信每个意外都不是偶然发生的。正是这个信念支持着我对意外的心理分析一路摸索，执着前行。在分析一些复杂的案例时，往往看似山重水复，陷入困境，但有时案主不经意间的一个词、一句话，又让我发现了新的线索，让事态峰回路转，柳暗花明，最后见到别有洞天、落英缤纷的桃花源。这个案例就是从大锅的象征这一点上获得突破的，意外中的任何一个细节都值得我们去探索。

我们讲过继发性获益，是指利用症状操纵或影响他人，从而得到实际利益，如特别的关注、同情、减轻或免除工作及其他特权。让我们看看这个案例：高考完的夏天，19岁的他遇到了一场车祸。他开着摩托车以最大的速度"不小心"冲进一辆大卡车的车底。当他被人从车底盘下拉出来时，脑袋肿了两圈，颈动脉喷出的血将全身染红。所有人都觉得他完了。

他在重点高中学习，一直以来成绩都不错。许多人都以为他考上重点、名牌大学基本没问题。但那年高考他却掉出了本科线。同学们都上大学了，没有人留下来与他一起复读。他感到前所未有的孤独。他想过自杀，但是道德压力太大。况且，他也没有彻底抛弃父母的决心。哪怕高三时，别的同学都有家长嘘寒问暖，送来吃的补的，而他的父母却不闻不问，即使他考了第一名。

小学二年级时，母亲消失了整整一年，回来的时候抱着一个婴儿，母亲让他叫妹妹。他和妹妹共同拥有父母的爱，但显然妹妹是得到更多的那一个。他和父母之间的话越来越少，几乎处于停顿中。于是，在高考失利的那个夏天他上了摩托车，那种疾速的飞驰感不给他任何思考的余地。偶尔心里有个邪恶的想法，要是能出事就好了，这样便能彻底解脱。他盼到了意外，不仅仅颅骨和皮肉受伤，胳膊和腿都断了。父亲罕见地暂停了生意，在医院陪了他整整一个月。因为四肢都是断的，任何需要移动身体的动作，都是父亲背着他，或者抱着他，那是他真正感到温暖的一个月。

每个孩子都需要，而且也希望被父母看到和关心。当他努力学习考了第一名的时候，父母都看不到，也不去关注他，这对他是非常大的打击。所以高考失败可能也是他潜意识的预谋，同样也是想获得父母的关注。当这样都无法达到目的时，一场灾难意外地出现了，他终于得到了他一直想得到而得不到的——父母全身心对他的关注，只是这个代价实在有点儿太大了。

人在无计可施而潜意识又极度渴望的时候，容易发生意外，从而让当事人"继发性获益"。上面案例中，高考失利的他四肢都断了，才感受到了父亲对他的爱。而背黑锅的她，皮肤百分之八十被烫伤、在她生死存亡的时刻，都没有得到父母的爱，这是一种怎样的痛啊！

最后我追问她，"现在你还期待父母的爱吗？"她说不期待了。我说："是真的不期待了，还是就算期待也没有用了？"她黯然说："是期待也没有用了。这种情况下，我还可以吗？"

我十分肯定地说："可以的，只要你愿意，过去的心理创伤都可以通过心理咨询进行疗愈。"

内在父母，是我们对自己的现实父母和理想父母的内化；内在小孩，是我们对自己童年体验的记忆和理想童年的内化，是小时候受伤的经验和由此带来的反应模式。心理咨询最终要改变、调整的是一个人内在小孩和内在父母的关系，从而让其对父母固有的认知模式和行为模式松动。

不问时光，不问岁月，纵然时间老去，青春少年已经为人父母，当我们面对自己父母的时候，无论如何去遮掩和躲避，内心里依然有情感上的需求，我们对父母的那份期待依然没有改变，对父母的爱的渴求依然没有改变。

集体无意识的内容就是原型，那里存储着原始意象，原始意象涉及心理的最初发展，是从祖先那里继承了这些意象。母亲原型构成了母亲情结的基础。人类的繁衍进化离不开母亲这个角色。我们竭力和母亲产生联系。母亲是孩子营养的供给，所以母亲原型和生存、创造息息相关，是她们给了我们生命体验；母亲也是孩子精神的供给，深沉的母爱是我们一生中最让人感到、最不能忘怀的记忆之一。但同时，母亲给孩子带来的创伤也可能是最重的。荣格指出，每一类原型在心理层面是一种抽象的元素，而我们的母亲正好是母亲原型的外在投射，如果母亲没有尽到母亲的责任，孩子找不到这样的原型依托，就会寻求另外一个"替代品"。先是她的三姐，后来是她的闺蜜，她被烫伤送医，有个年轻医生把她救活了，这个医生也是母亲原型的替代。

母亲原型的显现样式多种多样，首先最为重要的是生身母亲、祖母、继母及岳母，其次是与之相关的任何女人——比如护士或者保姆；然后是可以在象征意义上被称为母亲的，属于这一范畴的有女神，尤其是耶稣生母玛利亚。象征意义上的其他母亲象征显现为代表着我们渴望获得救赎的目标事物，比如伊甸园、天国、圣城耶路撒冷；很多激发虔诚和敬畏感的事物，比如教会、大学、城市或者乡村、天空、大地、森林、地狱以及月亮，都可以成为母亲象征；原型往往联系着代表肥沃和富饶的事物与地点：一块田野、一座花园、一个山洞、一股泉水、一口深井，或者各种洗礼盆之类的容器，烤箱与炊具之类的中空物体；子宫、女阴图以及任何类似形状的东西；诸多动物也跻身此列，如奶牛、野兔。

这个大锅是学校食堂煮开水的，是给学生们一起用的。水代表情感、情绪，开水代表热烈的情绪情感。食堂是吃饭的地方，食物代表身体的需求，也代表精神的需求。大锅可以代表子宫，学校（我们把曾经学习过的学校称为母校）、食堂、大锅这些都是母亲原型的显现。

在人的生命中，那种非常重大、影响一生的意外，背后往往隐藏着很深的情结。母爱对孩子是非常重要的。被烫伤的她，母爱一直是缺失的，所以她对母爱充满了渴望。这个盛满水的大锅象征子宫和羊水，她跌落在大锅里象征退行到胎儿期（弗洛伊德认为：与水有关的场景都象征生产，如跌落水中、由水中爬出），而周围打水的学生们象征她的兄弟姐妹在和她争夺母爱。她的问题产生于早年的母婴关系，正是在这个特殊时期（和闺蜜分离），特殊的情境触发了她早年的情结。

她在家休学一年，从被烫伤到再次去上学，前后的时间将近十个月，正好是母亲从怀孕到生产的时间周期。在她快成人的时候（高二一般十六七岁），她退行回婴儿（出院回家后，她好长时间只有头能动，需要人照顾），相当于又出生了一次。令人遗憾的是，即使这样，她依然没有得到母亲的关爱。

原型是情结的核心。荣格说："不是人支配着情结，而是情结支配着人！"心理治疗的目的之一就是消融、化解这些情结，把人从各种情结的层层捆绑中解脱出来。

烫伤：一般是关于热情、关心、保护等过度了。如果是家里大人烫伤了孩子，谁烫伤孩子一般就代表是谁对孩子关心过度了。比如奶奶烫伤了孩子，可能是奶奶对孩子保护、关心过度了。严重的烫伤代表较大的危险。

皮肤：是人最外层的身体保护，使人和人之间有了清晰、明确的边界，同时也是身体与外界联结的部分。你的皮肤代表你内在自我的保护和庇护。

锅：是家里做饭的器具，可以代表家庭。背锅：代人受过，泛指被冤枉。甩锅：就是不背锅，把所有过错都算到别人头上。

医院：是我们接受治疗、被关照的地方。

医生：代表内在疗愈者，可能指向任何具有治疗性存在的人。

第二章　场地、物品等意外

一、不断漏水的房子——暴力入侵

内蒙古赤峰的王女士遇到了一件闹心的事。2020年3月11日早上，正在睡梦中的她被一股污水泼醒。床上顿时一片狼藉，被子、褥子、床单全湿了，黄黄的污渍和难闻的气味让她苦不堪言，而这股污水竟然来自她屋顶的灯罩。原来王女士主卧的屋顶漏水已经有一段时间了，渗漏的水正好流到屋顶的灯罩里。积水一多，灯罩承受不了水的重量，才有了这次"意外"的发生。她主卧的楼上是一处外露平台，楼上业主的狗窝正好就放在王女士主卧顶灯的位置。因为业主经常冲洗宠物狗的排泄物，导致脏水就这样渗漏到了楼下。

房子代表出生、成长的家，家表示的就是感觉像"家"的内在空间。从心理意义上来说，房子代表的是"心房"，是一个人内心世界的显现，反映出人和外界的一种关系。因为卧室、厨房、餐厅、厕所、客厅各个房间的功能不一样，所以象征也不一样，各个空间代表自我的不同方面。房屋也可以代表整个人体。

2018年北方的冬天来得特别早，刚一入冬就下了一场大雪。就因为这场大雪，一位女士租住的房子漏水了，只好搬家。没想到她新租的房子又开始漏水了。两次漏水相隔仅仅二十天。她又气又恼，觉得不是偶然现象，却又百思不得其解，就给我打来了电话。

她说："上个月我住了很久的房子突然房顶漏水了，没办法只好搬家。但这个新房子，我住了还不到半个月，楼顶又开始漏水了。我觉得这太于巧合了，所以想让你帮着分析一下。"

我问，她住的是什么样的房子。

"都是楼房，原来住的那个是顶楼，漏水后房顶和墙壁掉皮太厉害，实在没法住，就搬家了。"她又接着补充说，"这里前阵子下了大雪，雪化了屋里就开始漏水，漏水的地方是我的卧室。新搬的家是厕所漏水，楼上厕所的排水管往下滴水，让房东修了两次了都没修好。"

"这次严重吗？"

她叹了口气说："唉，漏水的位置在厕所的脸盆上面，脸盆不能正常使用。水管始终往下滴水，如果用脸盆就会滴落到头上。"

两次漏水，第一次是在卧室，第二次是在厕所。我寻思了一下，问她现在的感情生活怎样。

"我现在单身。"她奇怪地问，"怎么了，和这个漏水有关吗？"

"很可能有关。在感情方面，你最近有什么事发生吗？"

"是有件事，有个我不喜欢的男人纠缠我。我一直犹豫这件事如何处理。在没搬家之前，我就和他说了不可能，但他始终发短信打电话。他还说要到我单位来等我，我就把他的电话拉黑了。前几天他又开始疯狂地打电话和发短信，让我不胜其烦！"

我好奇地问她，那是一个什么样的男人。

"一个没怎么上过学，既没文化也没素质，很粗鲁，还不务正业的人。"她用嫌弃的口吻对我说。

"我现在帮你分析一下，从象征角度看，卧室是私密空间，和亲密关系有关；厕所一般跟性有关；水，一般象征情感和情绪。你这两次房屋漏水，我判断和你的情感有关系，第一次是化了的雪水，第二次是厕所排水管的污水，都是脏水——就是象征不想要的、不好的、不被接纳的情感。那些脏水暴力强行闯入你的房间，实际上代表的是那些你不愿意接纳的情感进入你的心房。就像那个男人纠缠你一样，这是你无法接受的。漏水了，还不好修，就是说这事不太好处理，还很麻烦，甚至大到你已经无法自己处理了。"

"我自己修理不了，是不是我必须借助其他力量才能解决这个问题呢？"

"可能就是这样的。"我答道。忽然我又想到一个问题，"你为什么那么讨厌那个男的？假如生活在一起，你会怎样？"

"我跟他根本就不是一种人，没法交流，玩都玩不到一块儿去。跟他生活我得憋屈死！不用说生活在一起，就是做朋友也没面子啊，我都不想让别人知道这件事。"

我哈哈大笑，说："是啊，一个大学毕业的高才生、一个现代职业女性，和一个没文化、没素质又粗鲁的男人确实有点儿不搭。"我最后对她说："脸盆就是洗脸洗漱、美容的地方，也就是说关于面子、装饰方面的。所以你的脸盆那里漏水不是偶然的，也是有意义的。就是说这种男人追求你会影响你的面子，会让你的颜面受损，你也一直在担心这件事。"

"哦哦，你说得太对了，就是这样的！"

　　这个连续性的意外是关于房子和水的。水一般象征着生命力、情绪和情感，从感觉上说，情绪、情感是流动变化的，而且有高有低、起起伏伏，和水很相似。人们习惯用水象征情感，是因为情感像水一样对生命有滋养作用。没有水，生命会枯萎。没有健康的爱情、亲情、友情等情感的滋养，人也会干枯。在心理分析中，水是干净的还是肮脏的，水是什么状态，这些都很重要。这个案例中出现的都是脏水，两次都是对她的房间暴力入侵，不光难以控制还不好修理，对她的生活产生很大的影响。这个意外象征了她无法控制的现实，一个单身女性面临一个低俗、粗鲁的男性不断疯狂地骚扰（雪水从房顶流进卧室，墙皮都掉了，房子没法住。在这里，我的脑海里出现了好莱坞僵尸片里的场景，女主角惊慌地躲进一间封闭的屋里，外面的僵尸拼命想扒开屋顶冲进来），为了面子，她还怕朋友、领导知道，没有办法，只好不停地躲避（搬家），感觉很不好处理（新的房屋厕所又漏水了，修了两次都没有修好），她的内心状态可想而知。

　　她搬家的行为，从现实层面上看是因为房子漏水没法住了，在心理层面上就是想关闭、切断和那个骚扰她的男性的联结，换一个新的住所（心房）。

　　阴影指人内心深处那些被压抑的阴暗的想法或不被接受的欲望。人们会发现别人身上有自己特别不喜欢的特质，实际上这部分特质是自己压抑的阴影部分。她的职业是受人尊重的教师，那个没文化、没教养又粗鲁的男性是她绝不能接受的，正是她努力摆脱、不想成为的样子，也就是她的阴影。面对阴影人格的逼近，她的模式是逃跑和隔离，可她的阴影人格却无孔不入，如影随形。意外在提示她，对于阴影不要过分地排斥和抗拒，我们要尝试接纳，才有和解的可能。

一位女士搬家的时候，电视机的遥控器怎么也找不到了，只好买个新的。电视机是放在卧室里的。她让我帮着分析一下这件事。我告诉她：卧室和亲密关系有关，遥控器和控制有关。她说，她前段时间交了个男友，开始关系非常默契。男友对她非常呵护，让她感觉找到了真爱。但是她安全感很差，想要的更多，两人关系开始紧张。这让她更加焦虑，更容易有情绪，最后就演变成她一直在闹情绪。而对方明显得对她越来越冷淡，最后干脆对她发的信息都不怎么回应了。

我说："你们默契的时候可谓心心相印，遥相呼应。你的各种需求他都能感知到。你发出信号他就接收到，并且会即时满足你的需求，就像遥控器和电视之间的关系。当你要求越来越多时，他承受不住了，并有意退却，最后退出了你能控制的范围。这就像你想用遥控器控制电视一样，现在遥控器丢失了，你遥控不了电视了，代表那个男友像丢失的遥控器一样退出了你的生活。"

"是的，这段关系后期我确实是失控的。我高估了自己控制他的能力，也高估了控制自己的能力。"

我问她为什么要搬家，她说她也不知道为什么。其实离合同期还有好几个月的时间！房东对她也挺好的。但是她就是莫名其妙地想搬家，然后就搬了。

恋爱中的男女相互理解关心、心心相印，两个人相处得是否能够长久，则在于两个人能否满足对方内心的期待和心理需求。当女方"要"的时候，男方开始是心甘情愿地给。但是任何人的资源都是有限的，当女方不停地要，男方尽最大努力仍无法满足时，必然会产生一种无力感，从而身心疲惫、心灰意冷，最终激情耗尽，默默退出。

遥控器的丢失，代表她把曾经牢牢控制的男友给丢失了。

此时此刻，她的搬家是有心理意义的。看似没有理由，其实她的内心发生了重大转变。因为她在两性关系方面遇到了挫败，所以她想调整自己的心境，想尽快从失恋的痛苦中走出来。房屋代表心房，内在的改变引发了外在的改变。这才是她无缘无故地非要搬家的心理原因。

现实就像一面镜子，因此我们的心灵会体现在现实层面，在言语和行为中都会流露出固有的思维模式。在两性关系中，她既依赖又控制对方的心理，通过"遥控器的丢失"这个小意外表达了出来。遥控器代表的是她带有"控制欲"的人格侧面（我们身边的物品，无论你是喜欢还是厌恶，它们都代表我们内在的某一面）。她的这种心理来源于安全感的匮乏，而人最初的安全感是从父母那里建立的。这种匮乏来自原生家庭。小时候如果从父母那里没有得到稳定亲密的关系，就会从两性关系里获取，就会从一个成年人退化成嗷嗷待哺的婴儿，让另一方无休止地给予、无条件地滋养。这种只顾自我的情感满足，不顾对方情感需求的关系是很难长久的。

她如果认识到自己的不安全感的根源并不是来自男友，而是来自早期的童年创伤。在两性关系中，只有不让对方承受过多的情感负担，才有可能走出这种模式，否则就会不断地陷入强迫性重复！

建筑物可以表示性器。塔、高楼、柱子：常用来象征男性生殖器。房间、洞穴：常用来象征女性生殖器。

卧室：拥有个人私密生活的地方，代表亲密关系、性生活或者休息。对孩子来讲，是安全的庇护所。

屋顶：象征内在和外在之间的界限或障碍。

墙：是房间界域的标志，是建筑本来的自然属性。墙壁把我们与外在世界隔开，局限了我们的视野，代表限制、障碍与安全的界限。此外墙还是秩序和规范的象征。

搬家：代表改变、建立全新的内心环境，是重要的转化过程。

遥控器：代表控制。

脸盆：就是洗脸洗漱、美容的地方，也是关于面子、装饰方面的。

二、丢失的真皮手套——情感的断裂

小娜网购了一副手套，第一次戴着出门就遗失了一只。她把剩下的那只随手塞进了一件外套的口袋。几个月后，她凑巧穿这件外套去一家快递公司取快递。因为掏证件，她把那只手套也掏了出来。快递公司的一个小姑娘看到了，把她遗失的那只手套拿给了她。在这个事例中，如果她把剩下的一只手套扔了，如果她没凑巧穿这件外套，如果她没有在这家快递公司拿出这只手套，如果那个小姑娘没有帮她保管这只手套，如果没有这一连串的巧合，估计它们此生都要分离了。

和一位女性朋友见面，我们聊天时，她提到昨晚丢了一只真皮手套。这副手套是她妈妈给她买的，跟随她多年了。这事很让她难过。更令人想不到的是，她紧接着出门又丢了另外一副手套的其中一只。这到底是什么缘由呢？这让我感到既有意思又很困惑。

她难过地说："我昨天晚上参加了个一活动，然后打车回家。我坐在出租车的后排，把手套顺手放在旁边，然后就睡着了。到小区后有个人等着要上车。我下车了，然后出租车就开走了。我背着包正要离开，发现地上有一只手套，捡起来一看，'哎呀'，这不是我自己的吗。我才想起来我的手套来。这只手套是我下车时被衣服带下来的，还剩一只在车上。我赶快向出租车开走的方向追了过去，大声喊停车，但司机根本没听见。我眼睁睁地看着出租车载着那名乘客飞驰而去，越来越远。那一刻我的脑子一片空白。我都呆住、傻掉了，站在那里好长时间才反应过来。我的眼泪差点儿掉下来。"她接着又说，这副真皮手套是妈妈多年前给她买的，她特别喜欢。她有好几副手套，但只有这副特别合手，又特别温暖。

"这副手套我平时没事是不戴的。不知道当时自己怎么想的，出门前匆匆忙忙，鬼使神差地就把它戴上了。"她又补充说。

我发现很多意外的发生都是鬼使神差的，不知道自己当时怎么了。

我问她丢的是哪只手的。

她说是左手的，而且马上把剩下的那只拿过来让我看。

我拿着这只真皮手套看了看，很精致很美观。然后我对她说，"你刚才说你丢手套的那一刻，自己惊呆、傻掉了，都反应不过来了。你最近有过这种类似的感觉吗？"

"有，"她很肯定地对我说，"那种感觉简直一模一样。手套是昨天晚上丢的，这事是前天晚上发生的。"

"噢？"我疑惑地抬起头看着她。

"我有一个非常信任的男性朋友，年龄也挺大的，有五十多岁，人特别好，像个大哥一样的。我对他一直充满了信任和感激。"她说到这里，开始流出了眼泪。我把面巾纸递给她，她又接着说："几年前，在我生活处在一团糟、最低谷的时候，当时我都抑郁了，是这位大哥一直陪伴我，给我支持，给我鼓励。他总是那么和风细雨，那么真诚，很包容我，很智慧地指点我。我觉得他是我一个最值得信任的人，我有什么心里话都可以对他说。对我这么重要的一个人，在前天晚上居然为了一件小事，他就对我非常急躁和生气，说着说着居然对我大发雷霆，最后还把电话挂了。你知道吗，我们认识七八年了，他是从来就没有和我发过火。这是他第一次对我发脾气。我拿着手机，在那一刻简直惊呆了，话也说不出来，完全傻在那里了。这种感觉，就像昨天晚上我眼看着那辆出租车远去的背影一样，它离我越来越远，飞驰而去，最后消失在夜幕中。"

"你觉得他为什么会对你大发雷霆呢?"我问。

"其实我也不知道具体原因。我到现在也只能是猜测，因为在这之前我们发生过一件事。这位大哥给我介绍过一位老板，老板挺欣赏我，就想把一些业务给我做。这位大哥听了，说他也可以做。其实他要是能做，老板肯定会让他做的。但我和老板都知道，他原来没做过，根本做不了。他这样一说，那个老板拒绝了我这位大哥。这位大哥可能认为我抢了他的业务，或者让他很没面子，所以生我气。"

我说："是挺遗憾的，不管是因为什么原因，和自己这么信任的人产生矛盾都是一件难受的事。有机会你又愿意的话，主动和他再沟通沟通吧!"她沉着脸说，她现在一点儿不想。

又聊了一会儿，她说有事要出去，让我等她一下。一会儿她回来了，满脸的沮丧，说刚才在路上又丢了一只手套，还是左手的，说着把剩下的一只手套扔给我。"啊!"我惊讶地张大了嘴巴，"居然还有这事?"我看了看那只手套，是个白色带花的线手套，戴着应该比较舒服的。我问是怎么回事。她说，刚才办完事，回来路上饿了，就进了一家超市，把手套夹在了腋下，然后就挑选食品。付完账出了大门，一阵冷风吹来，她打了一个激灵，想找手套戴上。她惊讶地发现手套又只剩下一只了。于是她赶快就回超市顺原路去找，没有找到。

我问她，这两副手套有什么共同的特点。她说，这两副的共同点就是戴着合手、舒服，不同点就是一副贵，一副便宜。

左边一般代表男性。她丢失的是左手的手套，说明可能和男性有关。手套的使用功能是安全，冬天戴的手套主要是保暖；手是关于得到、拿、提这些动作的，手戴着手套就可以得到温暖，手套就相当于是手的呵护和保护者，这副羊皮手套是妈妈给她买的，还带有妈妈的味道。真皮手套属于价值比较高的，隐喻是真实、珍贵的，在这里就是代表真实、珍贵的情感。这位大哥在过去几年对她的接纳、理解以及亲人般的温暖、关心，和冬天手套的象征意义非常相似。但当这些美好都失去的时候，替代它的是冲突和分离，手套也就此丢失了。她下了出租车，出租车载着象征这位大哥的手套开走了，各走各路，和她分道扬镳了。

还有一件有意思的事，就是这副真皮手套是羊皮的。她告诉我，这位大哥居然姓"杨"。她几乎在同一时刻丢失了跟随自己多年的"羊"皮手套和陪伴自己多年的"杨"大哥。这个细节真的很耐人寻味。

这件意外最与众不同的是还有续集。她紧接着又丢失了另外一副手套的其中一只。这第二次手套的丢失让我很疑惑，百思不得其解。

我对她说，羊皮手套丢失，现在看已经找到心理原因了，就是和她那位杨大哥的分离。而线手套的丢失，我认为是她丢失羊皮手套这件事引发了这第二次的丢失，属于连环性意外。她听了我的话，淡淡地说："这确实算是一种思路，但是我的感觉不是这样的。"我立刻追问道："那你的感觉是怎样的?"她说："你刚才说话的时候，我脑海里出现了一个声音'随她去吧'。"我好奇地问这个"她"是谁，她回答说："杨大哥有一位关系不错的女性朋友，他也把这位朋友介绍给了我。我感觉她人真的很好，也很温暖，就想和她合作来着，后来相处时间长了感觉还是不能合作。而且这次杨大哥电话里和我发火，事是小事，但导火索确实就是因为她。刚才的'随她去吧'，说的就是这位女性朋友，感觉她也是越来越远了，彻底离开了。"

我看着她点了点头，说："我认可你的感觉，我觉得这就可以解释第二只手套丢失的原因了。你这一前一后、一黑一白丢失的这两个手套象征的是这两个人! 这两个人都曾经对你温暖贴心，现在都时过境迁，温暖不在了。"

这件事也让我认识到，和当事人的沟通和核对有多么重要。咨询师只能引发和引导，答案始终在当事人那里。潜意识知晓一切答案。

我劝她去找出租车小票，联系那个出租车司机问一下。她神情落寞地说现在不想找。后来她情绪好转了一些，终于打了电话，联系上了那个出租车司机，但司机说没有看见什么手套。她伤心地对我说，那只手套真的丢了，找不回来了。

最后她哽咽着说，那只剩下的线手套她已经决定扔了，那只羊皮手套却舍不得丢，以后她也不想丢，想一直珍藏着。

我听完不由得一阵唏嘘，心想:不知道那只羊皮手套现在去哪里了，或者在什么角落里蜷缩着。偌大的北京城，在冬天凛冽的寒风中，也不知道会被谁发现，最终会被丢弃到哪里？我这样想着，那只羊皮手套好像有了生命，我居然为它的命运担忧起来……

　　她丢的是一只"羊"皮手套，那个和她发生矛盾的大哥恰巧也姓"杨"。这个细节很有意思，因为谐音是潜意识常见的表达方式之一。擅长释梦者经常通过谐音来寻找梦中的答案。

　　某一位女士梦见：一个蝴蝶，很美很大，翅上有一个奇特的图案，好像孙悟空拿着一只很大的蟠桃。如果不是梦者说出名字，我永远也无法解释这个梦的意思。这个人的名字是胡超群，"蝴蝶"，扣一个"胡"字，很美很大是"超群"。孙悟空是猢狲，扣"胡字"，大桃也是超群（朱建军案例）。

　　通过谐音也可以做意外分析：

　　一个女性跟我说，昨天在家里的厨房，她把一个装醪糟的空瓶子打碎了，问我是因为什么。我说：醪（lao）糟（zao）听起来很像"牢骚"，我觉得你可能对家里什么事不满意，然后心里有牢骚。她笑了，说这几天因为老公做的一些事让她很生气，一直埋怨老公，正和他闹情绪。

　　手套：具有保护手的作用。冬天戴的手套主要功能是保暖。

　　出租车：汽车一般是代表自己或者自我，乘坐出租车时都是别人在开车，象征不想自己努力而想依赖别人的心理。

　　超市：象征丰富的资源，规模的大小可以表示资源的丰富性。

三、手机掉马桶里——前缘难续

2020 年 6 月，在北京丰台方庄，一名男子的手机掉入公共便池。他用手去捞，结果手机没捞出来，手还被卡住了。公厕管理员帮着报了警。"现场是一名 40 多岁的男子，蹲坐在厕所隔间的地上，一只手伸在便池内，身子不能动弹。"消防员对记者说。根据现场情况，消防员拆掉不锈钢便池，并用切割机对便池进行了切割，男子的手得以解脱。消防员顺便把男子掉落的那个手机也捞了出来。

一位女士说她上一个手机掉水里后，就狠心买了个三防手机。结果今天她另外一个不是三防的手机掉厕所了。她觉得这好像不仅是手机的问题，或许是心理的问题！于是她想问问我对这件事的看法。

我问她手机是怎么掉进马桶的。

她说上厕所时她把手机放兜里，结果不小心掉马桶里了。

"手机一般是关于沟通、联系的；厕所一般代表性方面；水呢，多代表情绪和情感；手机掉马桶里了，可能说明和沟通有关，和情绪、情感有关，还和性有关。你看看能想到什么事情？"

"这几天前男友联系我。我们从小一起长大的，可以说是青梅竹马，一直感情很好。因为他家庭方面有些问题，我父母不能接受，就极力反对我们在一起，后来我们就分开了。"

我问他们聊得怎么样。

"我们聊了很长时间，聊了很多我们小时候的事，勾起了我很多的回忆。他现在状况也不太好。对于我来讲，他是我最放不下的那个人，却又很无奈，想在一起吧，爸妈肯定不会同意。"

"噢！我知道了，现在总结一下：前男友和你联系，让你想到了过去的感情，甚至想重新在一起，想想又不可能。手机象征沟通、联系，手机掉进马桶里，正是代表你感觉你们在一起希望不大。你感觉一下，是这样吗？"

"您说得非常准确，虽然手机不是防水的，但没出什么问题。"

"手机没坏，那就说明你和前男友这事，你还抱有期待。"

"是的，要等以后我爸妈不在了，才有可能吧（目前她是离异状态）。我不想让我爸妈生气。手机虽然没坏，但是上面沾上屎了，感觉很恶心。"她语气里充满了嫌弃地补充道。

听到这里，我觉得这也是一个有意思的细节，值得再进一步研究一下。我就接着问："屎、粪便可以代表钱财，可能和钱财有关。看看你能想到什么？"

"哈哈，你又说对了，他需要钱，我就给他了。"她大笑。

"原来如此啊，"我也感觉这事非常有意思，笑着对她说，"你们的沟通和钱财有关，所以你的手机不光掉马桶里，还粘上屎了，这样就可以解释通了。"

"这样啊！"她惊呼。

"是的，我再问一个细节，你千万不要见怪啊，手机上粘得屎多吗？"因为我感觉问女士这样的问题有点儿不礼貌，就小心翼翼地问，结果她大方地回答我说不多。

"嗯！既然屎不多，我猜可能他需要的钱也不会多。我觉得这两者是可以对应的。"我直接抛出了推测结论。

"是的，真没多少钱。他就要几百块钱，他说借，我肯定不会让他还了。我艰难的时候他还给过我钱呢！"

意外分析的过程中，当事人提供的每一条信息都很重要。在这些信息中还有很多隐藏的细节。如果你不追问，可能就会错过关键部分。很多次意外分析的峰回路转，都是因为当时我多问了那么一两句，却最终成为解开解惑的一把钥匙。

小中见大，见微知著。这个案例很好地诠释了"全息"的概念，也说明意外的发生确实没有偶然。哪怕一个极其微小的细节，都是潜意识的倾情表达。

前面的案例是发生在家里厕所的意外，下面是一个女士把手机掉到公厕里了。现在她的手机外音用不了、打电话也不能外放、接电话也听不到铃声，让我帮着分析分析。

她说："公司要搬家，我怀着孕也去帮忙了。收拾得差不多了，就要开车去新地址了，我准备上个洗手间再走。我随手把手机放到了上衣右边的口袋。我一起身，就听到手机掉到地上的声音，然后就看到手机在坑里了。"

我跟她说，厕所一般和性有关，手机一般代表沟通，让她想想最近有什么事发生过。

"我家住进来一个女的，是我领导的女朋友。我家有间空房，她没钱交房租了，领导就跟我打了个招呼，让他女友暂时住在我们家里。她本来说住一两个星期，找到房子就搬走，结果住下来不走了。这个女的嘴上说话好听，偏偏很懒，什么都不干，到了饭点就出来吃饭，吃完了也不洗碗。她嘴上说我是孕妇，是重点保护对象，可是一直都是我做饭，她吃现成的。她还经常找机会到我屋里，见到好东西就拿走。她说话办事很虚伪、太假、太伪善。而我性格直、不会装。我越来越受不了她，都避免和她见面，不想和她说话。我还听到一些消息，说我领导骗了多个女人上床，还骗了她们很多钱，也包括住在我家的朋友。我不能接受人性如此之恶，当天晚上就失眠了。第二天我去给公司搬家，手机就掉坑里了。"

"手机代表沟通，手机掉厕所坑里有不想沟通的意思。我觉得你这是两件事合并在一起了，因为你很讨厌住在你家的那个女的，所以你不想和她沟通了，甚至躲着她。这就和手机掉了有关。厕所代表性方面，公共厕所的'性'和社会有关，也可以说是肮脏的'性'。她是你领导的女朋友。你领导的性生活非常混乱、肮脏，你接受不了这样的人，这属于刺激性事件。所以你在给公司搬家的时候，和那个领导又有了联系，这才引发了你的手机掉到厕所里的意外，时间上也是吻合的。"

从另一个角度进行分析，领导的女友和领导分别代表她的不被她接受的两个阴影子人格。领导的女友代表她懒惰、虚伪、虚荣的子人格，领导代表道德败坏、性生活混乱的子人格。

领导的女友住进了她的家，领导女友的所作所为让她很难接受。房子代表"心房"，家代表内在空间。领导和女友，代表她和不愿接纳的子人格在她的内在空间相遇，她不想和这个子人格进行沟通交流，从而为手机出现意外埋下了伏笔。让她产生更大情绪的，是她知道了领导的不道德和"性"生活的混乱。和这个子人格的相遇对她产生了巨大的刺激，并因此失眠了，说明她相应的情结被激活。所以第二天给公司搬家的时候，手机掉进了公共厕所（代表不洁的性）的"坑"里。这个"坑"，也代表她这次被领导给"坑"了，因为领导女友说在她家只住一两个星期，结果住下来不走了，而且这个人人品还这么差。现在她的手机外音用不了、打电话也不能外放、接电话也听不到铃声，代表她不想和那个女人沟通，包括不想听到她的声音，不想和她有任何方式的接触。

　　一个人想要内在宁静、和平、完整，就必须学会接纳自己的阴影部分。外界出现了让我们痛苦的事，其实是让不同子人格彼此和解的一个好机会。此时她的怀孕也是有心理意义的。怀孕象征创造性和新生，象征某些方面的成长和发展。这个没出生的小生命代表她需要关照的内心，也代表她自己有机会把分裂的子人格做一个连接和整合，成为一个内在和谐、情绪稳定、完整成熟的自己。

　　手机：代表沟通和联结，沟通的对方可能象征你的某个子人格，打不通手机象征失去联系，信号不好可能代表沟通不顺畅，或者对自己的沟通反应不满意。手机代表你的沟通技能或资源，丢了手机可能表示你不想和什么人沟通了。

　　厕所：是我们去除不想要的东西的地方，因为与裸露关联，所以也代表性。厕所还和肮脏、恶心有关。

　　怀孕：代表新生命即将出现，象征创造性或某些方面的成长和发展。婴儿：代表新生命，新的"你"，你转化的人格。

四、宠物狗丢了——它究竟是谁

　　艾比是一只黑色的拉布拉多犬，和主人黛布拉一家住在美国宾夕法尼亚州。十年前，艾比还是只有一岁大的幼犬，在玩耍时走丢了。黛布拉发现狗不见了之后立刻寻找，但始终都没有找到。十年之后，艾比在距离他们家八英里的一家动物收容所被发现了，体内的芯片记录着主人的信息。艾比的皮毛油光水滑，体型也很健康，看得出受到了很好的照顾。艾比这十年的遭遇没人知道，照顾它的人也没有出现。

一位女士遇到一连串的倒霉事，非常晦气，还把宠物狗丢了。她联系到了我，想知道为什么。

她说："我最近太晦气了，感觉是'水逆'啊！"（水逆就是星座里说的水星逆行，会带来诸事不顺。）先是手机丢了，家里的狗又丢了，工作屡屡出错。我要出差，结果发现火车票买错了。开车回家，车还撞到了一个石墩上。"

"哪件事你觉得对你来说最重要？"

"狗丢了……到现在我也在找。"她声音有些哽咽。

她的狗是一条金毛，养了有两年多，是在她怀孕的时候买的。金毛陪伴她怀孕、生孩子，和她儿子感情非常好，就像她儿子的玩具一样。半个月前，她和老公一起下楼到车里拿东西，顺便遛狗。回家进门的时候他们手里拿着东西，或抱着孩子。他们进大门的时候也有其他人进来，结果就没注意到狗没跟进来……早上他们发现的时候再去找，就找不到了。"我儿子一个劲儿地在找它，见到狗都会叫我家狗的名字。刚丢了的时候我没什么感觉，后面是越来越难受！"她声音有些抽搐。

我说："我理解你现在的感受，就像失去一个亲人一样。我觉得这件事，很像是一段关系的丧失。这段关系开始是亲密，后来是丧失。你想想，会想到些什么呢？"

"我能想到我儿子。"她回答。

"噢？你说说……"

"我儿子和我关系不近，就是不亲。婆婆和我们住在一起，我儿子和我婆婆关系很亲，她们关系太好了。在儿子二选一的时候，每次都会选奶奶，我很失落，也很难过。我觉得婆婆在侵占我的生活，影响我们母子感情。我不想让婆婆和我们住在一起，我想让我们一家三口拥有自己的空间。我每天工作上的事情很多。下班我就争取多带儿子出去玩玩，单独和他相处，好增进我们的关系，但还是解决不了根本问题。这让我很痛苦!"

"是不是有一种把自己儿子弄丢了的感觉啊?"我试探着问。

"对。"

"自己的儿子好像成了别人的，不是自己的儿子了，是吧?你感觉一下狗丢了的那种痛苦，是不是和儿子不跟自己亲，跟别人很亲，你又焦虑又无能为力的感觉很像啊?"

她寻思了一会儿，说:"像……"紧接着她又无奈地叹了口气说:"唉! 所以我想在外面租个房子，让我婆婆住过去。其实除了我和儿子这件事，和婆婆住还有很多别的事，我一直忍耐。分开住是最好的解决办法。给婆婆租房子搬出去，是我的想法。老公开始不同意，我就一次次和他说。他不想看着我痛苦，终于同意了。我也怕他觉得我不够孝顺，觉得我不懂事，怕他为难。现在看，最后为难的就是自己。"

"对了，你的狗叫什么名字?"

"仔仔。"

宠物有很好的陪伴作用，甚至成为家庭的一员。人们对宠物有着很强烈的感情。宠物出现意外，心理原因主要还是跟家庭有关、和家庭成员有关。这个案例就和她儿子有关，恰巧狗的名字就叫"仔仔"。从这个名字看，她也是从心里把它当作孩子了。婆婆帮忙带孩子，孩子不和她亲近，让她非常失落。在意外中，这条名叫"仔仔"的狗替代了她的儿子，在她身边丢失了。

她的一系列倒霉事的发生，是从她想让婆婆搬出去住开始的。手机代表沟通和联系，手机丢了代表她不想和某人沟通、联系了。她开车撞上的那块大石头，代表她想说服老公让婆婆搬出去住的思想上的阻碍。

依恋是指婴幼儿对其主要抚养者特别亲近而不愿离去的情感，是存在于婴幼儿与其主要抚养者之间的一种强烈持久的情感联系。母亲是幼儿的第一依恋对象，这种持久而稳定的模式对婴幼儿的安全感的建立非常重要。可是因为婆婆的到来，让原来的母婴关系发生了变化。这对一个母亲来说，确实是一个比较棘手的问题。

从另外一个角度分析，狗代表忠诚。自婆婆住进她家后，她的儿子就"背叛"了她，投向了婆婆的怀抱。儿子的这种"投敌叛国"行为让她非常痛苦（她早就对婆婆不满了）。她想把儿子给她带来的那种不"忠诚"的痛苦给分离、排斥出去。她的宠物狗被关在门外丢失了，而狗正代表她"忠诚"与"背叛"的那部分人格。

听说一位女士的宠物狗丢失后，过了几天又被找回来了。这和什么心理有关呢？我很好奇，就和她联系。

她叙述说："我养的狗是泰迪，有三年了。原来我家是二楼，狗不用栓也没事，有时候就让它自己下楼去玩儿。因为孩子上学的问题，最近我搬了家。有一天保姆带狗下去，它看见一只小白狗，它就去追，然后就不见了。它是在傍晚走丢的。那天我一宿没睡好，担心它成为流浪狗。第二天我就在小区周边贴了很多寻狗启事，许以重金。结果在五天后有人联系我们，把它给送回来了。"

"噢，那你想想，有没有什么事或者什么人，给你一种差点儿失去又失而复得的感觉？"我问。

"我上个月结婚了。我们之前谈了八年，他就是拖着不结婚。几个月前我给他下最后通牒，再不结婚就分手，他就同意了。想想就是有种失而复得的感觉。狗丢的那天我们结婚还不到一个月，还在蜜月期呢。"

"狗被找回来，当时你是什么感觉?"

"开心、喜悦，心也落地了!"

"那对于结婚，你是什么样的感觉呢?"

"感到心里一下子就踏实了，毕竟谈了这么多年，确实和狗找回来的感觉很像。狗丢了的那几天，我白天有时间就出去找，晚上也睡不好觉，又发朋友圈，又找那些专门找狗的机构帮忙。我一直感觉它丢不了。"

"你对它是一种什么样的感情呢?"

"我一点儿也不溺爱它，对它就像家人一样。没丢的时候没把它当回事，丢了的时候很难受，发现它很重要。结婚也是，我们谈了这么多年（双方都是再婚），真要分手还有些可惜，组成新的家庭对我也是个新的课题。仔细想想，这个婚姻也没有什么特别吸引我的。觉得单身这么久，年龄也大了，是我该结个婚吧!"

"最后一个问题，它是公的还是母的?"我问。

"公的。"

这两个案例对比，就会看得很清楚，同样都是丢狗，主人对狗的态度是不同的。前面案例那只狗陪着她怀孕、陪伴着她儿子长大，女主人对待狗的感情也像对一个孩子一样。她心里感到自己把儿子给弄丢了时，结果把狗给弄丢了。她的狗在这里替代了她的儿子。这个案例女主人对待狗的态度就像家庭的一员，家里有它一个位置，但不会宠着惯着，明显她对孩子和对狗的感情并不一样，所以这次意外和她的孩子无关，查找下来发现是和她的老公有关。她对这个谈了多年恋爱的老公已经没有激情了，这个老公对她来说更像一个只有亲情的家人。还有一个有意思的细节：这是一只小公狗，公狗一般对应男性，它还是去追一只小白狗的时候丢的。寻找的过程也是费尽周折，又贴告示又许以重金，正好代表她充满波折的婚姻。

她为了孩子上学方便搬到了"新家"，从另外一个角度看，她的孩子代表她受伤的内在小孩，"新家"代表她对组成"新的家庭"的向往。

这个案例可以给我们一个很好的启发，宠物可以成为主人的一个"移情"对象。主人对宠物的感情如何，可能决定着发生意外时它代替的那个"原版"是谁。

小孩：在弗洛伊德的理论中，小孩以小动物来象征。孩子还可以代表一个人的内在小孩。

五、牛奶杯里的苍蝇——被玷污的爱

饭菜里面吃出东西可谓屡见不鲜。有人从饭菜里吃出头发、苍蝇、蛆、豆皮涮出死老鼠、螺蛳粉里吃出来一条小蛇、炒白菜里出现一只小青蛙，还有在汉堡里吃出避孕套。2018年4月24日，江苏杨女士在一家超市买了一根赤豆冰棍。她没吃几口，就感觉到冰棍里有毛茸茸的奇怪东西。杨女士定睛一瞧，忍不住一阵呕吐。毛茸茸的东西竟然是一根老鼠尾巴！尾巴露出一截，剩下的部分还在冰棍里。杨女士强忍不适，回到超市找老板讨说法。

一次网络投票，说这个世界如果你可以灭绝几种动物，你会选哪种，很多人都选苍蝇、蚊子和蟑螂，可见它们被讨厌是有着多么广泛的群众基础。一位女生和我联系，最近连续发生怪事，她先是从牛奶里喝出了苍蝇，接着吃饭又吃出了头发，不知道这怎么了。这是以前没有发生过的。

她说："我最近身体不好。前两天男朋友陪我去了医院。中午饿了，我就点了一个皮蛋豆腐和火腿。我男朋友又给我买了一杯牛奶。喝牛奶的时候我吃到了一只苍蝇。因为牛奶杯是密封的，根本看不见里面，喝到嘴里才发现不对。今天的粥也是我男朋友给我买的，在粥里又发现了头发。这个饭店我都吃了快十年了，一直都特别好，从来没有出现这样的问题。这次好，还一连出现两次。"

"苍蝇，可能跟恶心、肮脏或者讨厌有关。你男朋友给你买的，可能和你男朋友有关。你和男朋友发生什么事了吗？"我给她说了个思考的方向。

"我俩关系一直都挺好的呀！没发生什么。"她非常肯定地回答。

两次都是男朋友给她买的食物出了问题，她还说他们没有发生什么事，挺让人奇怪的。

"你和男朋友的妈妈关系怎样？"我这样问，因为这事件和"奶"有关，和苍蝇有关："奶"可以代表爱，也可以代表母爱。苍蝇会"嗡嗡嗡"地叫，我的猜测是：有没有可能她和一个人吵嘴了呢？如果是的话，有没有可能是和她男朋友的妈妈有关呢？

"我男朋友是孤儿，他妈妈早去世了。"她的回答简单干脆，把这条线索彻底给打断了。

"在这之前有没有发生又烦人又讨厌的事？或者什么事本来是开开心心，突然发生了一件让人扫兴、恶心的事儿？"我进一步启发她。

"是有一件这样的事。那就是前些天姐妹的店铺开业，跟前男友遇见，还在一个桌子上吃饭，挺尴尬的。我们分手后一直没见过，后来发生了不愉快，我把他的联系方式给删除了。"

"发生了哪些不愉快？能说说吗？"我立刻追问道。

"也没什么，就是那天晚上我俩通了一个电话，谈以前我们在一起时的事。这本来也没什么，但后来聊着聊着，他说到和我在一起的时候，他还和别的女的同时在交往。我就很生气，把他的电话、微信统统都删了！"

"嗯！他说到和你恋爱时也和别的女的在交往，你听到这句话的时候，你是什么感觉？"

"嗯，感到难以接受，对他很恶心，简直让人反胃。这样的事恐怕谁都接受不了吧！"

"你体会一下，那种感觉是不是和你喝牛奶喝到嘴里一个大苍蝇的感觉很像呢？"

她表示同意。

"那就是了，当你内心有了这种很恶心、像吃了苍蝇的感觉时，现实中就真的可能会吃到苍蝇。咱们再说说粥里发现头发这件事，你也是感到很恶心，是吧？头发一般代表世俗的感情，三千烦恼丝说的就是头发。你的'苍蝇和头发'这两个意外在我看来表达的是同一件事：就是那个前男友说的话让你感到极其恶心，同时也让你很愤怒，最后你把前男友的联系方式删除了，也不想再听他嗡嗡叫了。"

"我明白你说的意思了，也明白这次意外对我的意义了，谢谢。"

"我再问一下，你前男友是个什么样的人？"

"他这个人特别会体贴人，暖起来特别暖，但无情起来也特别无情。分手后我会经常想起他。现在的男友在体贴人方面和他差了很远。"她的语气中带着些许遗憾。

分析意外的心理原因，就好像在破案一般，开始可能会没有什么头绪。但是随着线索越来越多，脉络会越来越清晰，最后指向潜伏在背后的真相。

这两次的食物都是她男友给她买的，让我一度认为是她和男友之间发生了什么事儿。她说和男友没有任何问题，我开始还有点儿疑惑，认为她可能还暂时没想到。结果证明还真不是她和现男友之间的事，而是她和前男友之间的事，现男友只是她前男友的替身。

曾经的情侣一定是发生过很多事，那些尘封的往事，没人碰触留在记忆中就行了，各自安好。结果前男友和她谈论过去，说些美好的回忆也就罢了，谁能想到他把过去不为人知又很不道德的事给讲了出来。他可能有些炫耀或者报复她的心理。这件事把她恶心得够呛。就像那杯密封的牛奶一样，从外面什么也看不见，开始喝的时候很美味，喝了一半时突然喝到一个大苍蝇，把她给恶心到了。这两者的感觉对她来说是一样的，一前一后是密切相关的。现男友给她买来的食物发现了苍蝇和头发，让她恶心，正好代表前男友说出对她做过的不道德的恶心事，是一个"象征性重现"。

为什么两次意外都发生在她吃饭的时候呢？

在心理学中，吃是获得满足，跟人的需求有关，也包括爱的需求。食物是人维持生命的养分来源，从出生开始，母亲哺乳让我们感到被爱的感觉。牛奶可以代表关怀、爱的滋养，爱的哺育。她也说了，前男友非常体贴人、特别暖，而喝奶正好表示内在的滋养。她跟前男友打电话回忆过去的时候，突然被他恶心了，而且这种恶心跟性有关、跟不干净的性有关。苍蝇正是和肮脏、恶心的代表。至于吸管和牛奶杯子，按照弗洛伊德的理论，它们的形状不正是男女性器官的象征吗！

　　虽然在弗洛伊德的理论中，很多的东西都和性有关，但我们在做心理分析时一定要注意与性无关的可能意义。

　　食物：让我们的身体得到补给。食物经常代表任何滋养、给养，让我们存在、成长的事物，不仅是身体上的，而且是心理上的成长。不同类型的食物可以象征范围广泛的事物。一般而言，牛奶、巧克力代表爱；糖果、蜂蜜代表温情、温柔或美好。吃饭和食物多是被解析为性欲，因为食欲和性欲都是人的本能需求，所以食欲常常用来替代性欲。

　　吃：是内化资源，把外在的事物转化为自身的存在。

　　牛奶：可以代表关怀、爱的滋养，爱的哺育，经常让人想到母亲的爱，喝奶表示内在的滋养。

　　头发：一般代表世俗的感情，三千烦恼丝说的就是头发，青丝代表情丝。

　　苍蝇：跟恶心、肮脏或者讨厌有关。

六、消失的护照——得与失

　　在英国旅游捡到身份证和银行卡，没想到同住一个城市一个区。家住上海松江区的郭女士前往英国旅游，在机场的一个角落里发现了两张卡，一张是中国居民身份证和一张银行卡。恰好身份证的所属人林女士也住在松江。在等待而无人认领后，郭女士决定先暂为保管。回国后，郭女士把东西交给了松江公安分局出入境办公室，后民警经过查询，把失物归还了林女士。

一位女咨询师告诉了我她最近经历的一件事。她的老公要去欧洲出差半个多月，她想跟着老公一起去欧洲游玩，就在旅行社报了团。把钱都交了，结果她的护照却怎么也找不到了。她以为护照丢了，没办法只好让旅行社办理退团手续，为此被扣除了一千多块钱定金，欧洲也没有去成。过了一个多月，她想给家里买一张按摩椅放阳台上。她婆婆在收拾阳台时，从阳台和客厅中间一个装杂物的纸盒子里意外地找到了她的护照。她来问我为什么会有这样的事发生。

我说："我给你一些思路：第一，可能和你老公有关，因为这次旅游你要和老公一起去。第二，因为护照是在家里找到的，可能和家庭有关。第三，飞机和提升或者高度有关。你想想，有什么事想提升而没有提升。第四，从你旅游没有去成这个结果看，很可能是什么事你没有做成，失败了。"

她想了一会儿，说想不到什么事，她和老公之间最近一段时间也没有发生什么事。

"那你没有去旅游，你有什么感觉呢？"我继续启发她。

"特别遗憾啊！"

"那段时间，你有没有特别遗憾的事呢？可能某件事你没有做成，让你很遗憾。"我说。

"还真有一件事。在那之前我面试一个全职咨询师的工作。我觉得那是个很专业、正规的公司。我已经面试两轮了，结果第三轮没有成功，让我特别遗憾，全家人也为我感到惋惜。这件事和护照丢失几乎是同时发生的。我拿到咨询师证书之后，就开始不停地学习，想做全职的咨询师。这个咨询中心待遇很好。我想如果能够去那里做全职的话，我就很满意了。"

"你现在已经找到护照了，那你的工作怎样了？"

"因为我没有通过那次面试，护照丢了也没有去旅游，我就到处投简历，结果我找到了一个兼职的工作。本来那个工作和心理咨询无关，没想到他们看了我的简历说，他们也需要心理咨询师。我可以在那里做兼职的咨询。这是我开始没有想到的。这样我工作既不累，还能做咨询来提升自己，感觉挺好的。那个全职的工作，现在我觉得太累了。"

"但你毕竟因为没有去旅游白白损失了一千多块钱，其他方面你有什么损失吗？"

"大家开始都对我很有信心，说我能面试成功。我觉得也没有问题，甚至给大家打了保票。面试失败后大家都说，你看还是你水平不行吧。要说损失的话就是我的面子，他们这样说让我挺泄气的。"她有些沮丧地说。

"面试没有成功，大家说你水平不行，水平不够高，那就是还得学习和继续提升。而飞机就是关于高度和提升的，你想坐飞机去旅游，结果没有去成的原因恐怕就是在这里。"我说。

错过火车是错过什么机会，赶不上飞机一般是错过了什么提升的机会，都是关于错过机会的。但飞机和火车、汽车相比，飞机更有高度，有一个明显的向上提升的力量。

有一个女士因为出差没有赶上飞机而联系我，我说你最近可能失去了一次"提升"的机会。她说是的，是有这样的一次机会。本来她可以升职，领导都找她谈话了，想听听她的想法，但因为她本人不太重视，甚至往后退缩，最后领导经过权衡后，就把这次升职的机会给别人了。

护照：和身份证一样，清楚地指向我们的身份感——我是谁。护照的丢失代表某种身份感的丧失，与身份关联的内在混乱的感受。

这个案例先是护照找不到了，耽误了她出国旅游，后来护照又在家找到了，说明这种身份感的丧失只是暂时的。而且这个丧失的时间只有一个多月，后面就又恢复了。其中的心理原因就是：这里她的护照代表的是她心理咨询师的身份，护照的丢失代表的是她咨询师身份感的丧失。家里人在最开始是认可她的咨询师身份的，因为她已经考取心理咨询师证书，而且还在不断努力学习各种心理课程。她也认为自己的专业水平还可以，面试没有问题，甚至跟家里人打了保票。面试失败后，大家都说她还是水平不行，这时候大家对她的咨询师身份有了改变。虽然你有咨询师证书，但你拿不出来相应的水平才会被淘汰。就像这次旅游，虽然你有护照，但是拿不出来，所以旅游去不成了。因为求职受挫，她只能接受大家对她的评价，并且对自己的专业水平产生了怀疑，对自己的职业方向变得有些迷茫。这时候代表她是谁的资格证书——护照适时地丢失了。这个意外正反映了她当时的心理。

其中的第二个心理原因是：她的理想就是走上职业咨询师之路，所以应聘一家专业的心理机构是非常必要的。如果面试成功，不光是她走职业化的重要一步，而且在家里的地位也会不一样，大家会更加认可她的价值。她因护照丢失旅游没有去成的这件意外，是她面试失败，从而导致专业技能提升失败、职业之路也暂时停止的"象征性重现"。她想去旅游（旅游象征新的目标、新的方向；飞机和提升有关），因为护照丢失旅游泡汤，代表她失去了一次提升的好机会。而这个好机会，就是成为那家专业心理机构的全职咨询师。

为什么护照开始没有找到，一个多月后被找到了呢？为什么在阳台给按摩椅腾地方的时候，护照才被发现？护照和这把按摩椅之间的关系是什么呢？

椅子代表地位和位置，按摩椅代表的是舒服的位置。在本案例中按摩椅可以代表她现在很满意的兼职咨询师的工作，既自由又舒服，还可以做心理咨询（说起心理咨询，绝大多数人的脑海里首先浮现出来的画面就是弗洛伊德和他的躺椅，所以如果用一种物品代表心理咨询的话，非躺椅莫属。按摩椅和躺椅属于同类产品，是时代进步的产物，比躺椅更舒服）。客厅在功能上属于比较正式、规范的区域，具有更多的社会性，客厅（社会性）可以代表她应聘的正规的咨询中心；阳台和客厅相比，更多的属于休闲性质的区域，可以代表她去的那个兼职的不太正规的公司。护照是在阳台和客厅连接位置的一个纸盒子里找到的。这个地方正是个转换性过渡空间，归根到底是因为她对全职咨询师工作的态度转变——那份全职工作太累了，现在的兼职工作更好、更满意，从时间上看也是对应的。简单说，她开始没有通过最终的面试，给她的职业生涯带来非常大的遗憾，家人的嘲笑也让她失去了专业上的自信。随着她的咨询师身份感的丧失、自己职业道路的迷失，代表她身份、代表她是谁的护照就找不到了。当她找到了更舒适的兼职工作，还可以继续做咨询的时候，原来的遗憾就慢慢消失了，家人对她的嘲笑也没有了，她的咨询师的身份感又重新回来了。护照是被她婆婆找到的，说明她的咨询师身份和咨询水平获得了家人的重新认可。

当她的内在情绪平复了之后，她的外在世界也就恢复如常了。

通过这些细节的分析大家会看到，就连她买按摩椅这件事、甚至按摩椅放在什么位置都没有什么偶然，都是恰到好处，都是可以解释的！

潜意识是知晓一切的！

透过这个意外，我们可以看到她和"内在家庭"的关系模式。在"内在家庭"里，她需要"内在家庭成员"，尤其是"内在父母"认可的。"内在家庭成员"对她不认可时，就会引发她的不良情绪，然后她就想通过自己努力，用外在的成功获得他们的尊重和认可。今后，她可以积极关注自己的内心成长，疗愈和"内在父母"之间的关系，做好自我接纳。

飞机：是可以让你在生活中起飞的工具，更高、更自由，它可以带你更快地到达远方的目的地。飞机还和提升有关，象征着什么方面取得快速进步，或者在事业中取得辉煌的成功。赶上飞机：一般是抓住了提升的机会。没赶上飞机，就是错过了提升的机会。

旅游、旅途：是探索生命，探索新的方向，走向新的目的地。还象征向着个人精神或职业目标前进。

阳台：家代表内心世界，阳台是一个过渡的空间，象征着外界与内心联结的部分。

椅子：代表地位和位置。

护照、身份证：清楚地指向我们的身份感——我是谁。护照的丢失代表某种身份感的丧失，与身份关联的内在混乱的感受。

第三章 交通工具意外

无论是自行车、摩托车、还是汽车、卡车、货车，不论大车小车、豪华车还是普通车，你的"交通工具"可能代表的就是你自己，或者你的生命，你在生活道路上所经历的体验。

驾驶任何交通工具都与你驾驭生活的方式有关，可能与个人生活或者工作有关，或者兼而有之。你是否在驾驶？是否可以掌控？谁在驾驶？往哪里走？路是怎样的？上坡还是下坡？前面有障碍物吗？……所有这些都需要隐喻性的理解。这正是你驾驭生活的状态。

一、摩托车的意外——小人当道

泰国发生离奇车祸：摩托车飞出 10 米高，被电线杆吊在半空。目击者说，这辆被甩上天的摩托车当时被放在一辆皮卡的车斗上。卡车突然转向，以避开前面的一辆摩托车，但是皮卡突然翻倒在地，而车上的那辆摩托车则向上飞升，竟被巨大的力量甩上大约 10 米高的电线杆，最终被电缆缠住，吊在半空中。这次意外有五人受伤。

一位朋友和我聊天时，无意中说起他在多年前出过的一次车祸。他骑着自己新买的摩托车在路上撞了一个小孩，吓得他够呛。好在没出什么大事。他强调说：这起事故的责任并不在他。我让他说说事情经过。

他说："那是在一个夏天的傍晚，当时还刮着风。我开着我的新摩托去找我女友。我是正常行驶。刚过一个道口，旁边有个汽车从我身边超过去了。那个小孩刚从菜市场买了几种小凉菜，骑着一辆旧自行车横穿马路。那辆汽车刚过去，他就从对面骑过来了，速度还挺快。他刚把汽车躲过去，我这摩托车也就到了。为了躲他，我就把车使劲往外一掰。因为事发突然，我还是没有躲过去。他的车轱辘斜着撞到我的车上，我和摩托车横着就出去了。摩托车倒地滑出去很远。我是先倒地后来骨碌到一边去了，头还磕到了马路牙子上，还好我戴着头盔呢，没受伤。那个小孩也摔倒了，买的几样小凉菜洒了一地。起来后他一点儿事也没有，就是吓坏了。我是正常行驶，他属于横穿马路撞的我，是他的责任。再说，我那是新买的摩托车，摔坏了挺心疼的。我说你找家长去吧，他把家长找来了，最后给了我300块钱。这事才算解决了。"

"那是个多大的小孩？"

"上小学五六年级吧。"

"我从心理角度帮你分析一下。摩托车，这种交通工具可以代表自己或者自己目前的状态。路可以代表人生的路，比如婚姻之路、事业之路，在路上发生的意外和人生的路上遇到的一些事情有关。还有你这个意外是有个小孩横着插过来了。小孩可以代表'小人'，就是可能你什么事有'小人'挡了一下，把你正常前进的道路给阻碍了，给你造成了伤害，或者让你受到很大的惊吓。"

"你说到'小人',有!我开了一个艺术培训班,招的都是中小学生。当时那个培训班确实挺火的,可以说生意兴隆。要不我为什么那时候把旧摩托车给换了呢?我们当地有个人,说起来也是同行,是个小人。就在那个时候,他把我给告了。他有本职工作,因为有一技之长,后来就干起了儿童艺术培训。他是我们那里最早干培训的,开始学员也不少。后来我们的,还有别人的培训班做起来后,他那边的学员就越来越少,最后都没有几个人了。我是干得最好的。他嫉妒我,就把我给举报了。"

"他举报你什么?"

"我们没有营业执照。那个时候早了,也没人管。大家都是这样干的。"然后他低头沉思了一会儿,接着抬起头来,说:"这件事确实是由那个孩子横穿马路造成的,他应该负主要责任。可我也有问题。其实那个家长可以不给我钱!"

"这是为何?"我向前探了探身子,非常不解地问。

"因为有件事我还瞒着你,没有对你说。就是我没有摩托车驾驶证,我们是私了的。那个孩子的家长当时也没有问我,我挺担心他问驾驶证的事。如果当时那个家长报警的话就麻烦了,警察来了肯定我是全责。"

"噢!我觉得这件事是这样的。你看,一个小男孩横穿马路,阻碍了你前进的路,你还摔倒了。可以代表你让一个'小人'给告了,在你的培训事业中横着插了一杠子,阻碍你事业的发展。而且你没有摩托车驾驶证,正好代表你的培训班没有营业执照。你这个摔倒的意外,就是说明你那个没有营业执照的培训班受到了别人的干扰,遇到了比较大的阻碍,而且面临着一些危险。"

他不停地点头说对,认可了我的分析。

　　我们评价一个人是好人或者坏人，多是以自己的利益为标准做出评判，对自己好、有利的就是好人，对自己不好、伤害自己利益的就是坏人。这个案例中，当事人称呼举报者为"小人"也是这样的。

　　在社会上行走，做人做事就怕"小人当道，是非缠身"。那个横穿马路的小孩在这里可以代表"小人当道"。在中国民俗文化中，小孩可以代表"小人"，这个意外事件中的小孩并不算完全意义上的小孩，属于青少年。但我朋友一直称呼其为小孩，所以在分析时就可以按照小孩的象征来分析。

　　我们说过"凝缩"作用，这小孩就"凝缩"有三层含义：第一，代表拦阻他的人（举报者）是个男性。第二，就是小孩代表"小人"；最后代表他们做的事是和孩子有关，都是做孩子的艺术培训。小男孩替代的是那个举报者，小男孩骑的破旧自行车正好可以代表那个举报者的现状：他的事业处在一个衰败期，学员越来越少，发展陷入困境。摩托车比自行车明显高出一个档次，豪华、快速，而且这辆摩托车还是全新的，代表他那时的培训事业处在一个上升期，发展良好，名声远播，志得意满。

　　饭菜可以代表饭碗，就是工作。再做细分，饭菜以饭为主，菜为辅，饭就可以代表本职工作，菜就可以代表副业。男孩买的是小凉菜，并没有饭，代表举报者是有本职工作的，办培训班只是他的副业。小凉菜洒了一地，说明他的这个副业面临倾覆，快干不下去了。

　　那天刮着风，风主变化，代表我这位朋友的培训事业在向前发展的过程中发生了变化，遇到了危机。最后他虽然连人带车滑出去很远，车没事，人也没有受伤，说明举报这件事看似凶险，但并没有给他带来很严重的后果。因为他很快就把这件事给解决了，和这次意外摔倒一样，属于虚惊一场，没有对他造成实质性的伤害。

从另外一个角度分析，孩子代表我们想要发展的新的可能，是我们仍在成长的部分。这个男孩可以代表他"不成熟"的自我，不遵守规矩，横冲直撞（没办营业执照），结果惹祸了（被人举报了），把自己置于很危险的境地。这就是成长需要付出的代价。

一次我去参加一个活动。中午吃饭时，一个女孩订的是外卖快餐。她拿着快餐想去另外一个桌子上去吃，结果放到桌子上时没放好，把这盒快餐全扣在了地上。地面一片狼藉。等她收拾完后，我问她最近工作上是不是有事？是不是目前没有工作？她说是的，她是做销售的。前几天公司裁员，把她给裁掉了。

快餐盒里既有饭，也有菜，可以象征一个人的工作（饭碗）。桌子代表平台，也就是公司。她往桌子上放快餐盒时，不小心扣到地上，代表她的饭碗被平台打翻了，也就是她的工作出现意外。她现在没有饭吃了，想吃还得再去买一份，也就是她没有了工作（饭碗），想去工作还得去重新应聘（订饭）。从这件意外过程看，她失去工作是被动的、受害的。

摩托车：是一个非常强烈的符号，象征自由、独立、洒脱，不爱受束缚，要主导自己的命运。

小孩、孩童：可以代表一个人的"内在小孩"，象征需要滋养，需要关心照顾的部分。小孩还可以代表"小人"。小人指的是那些人格卑鄙、挑拨离间、落井下石、阳奉阴违、欺软怕硬的人。

刮风：代表事情发生变化。

饭菜和食物：是给养、滋养我们的存在，并让我们成长的东西，不仅是身体的成长，还包括心灵的成长。

二、汽车轮胎脱落——时间的共振

2019 年 7 月 12 日，刘师傅正在 G1522 常台高速的一个应急车道上施工。就在这时，一个 300 多斤重的大轮胎突然出现在高速公路上，晃晃悠悠、不偏不倚地把正在工作的刘师傅撞伤。高速交警指挥中心接到报警后，通过监控对比查到了掉轮胎的半挂车。根据监控显示，这个轮胎沿着高速公路超车道滚了将近一公里，才滚到应急车道内，将刘师傅撞出了护栏。经医院检查，刘师傅脊椎和大腿骨折。

汽车事故和人的心理关系密切，潜意识负有相当大的责任。意外发生的时候，因为车况、路况不同，原因也不尽相同。汽车：一般是象征自己、自我或者自己的身体。

身体语言是象征的，也是有规律的。在我解读汽车意外的过程中，发现汽车损伤的位置也不是无缘无故的，都是有规律可循的。因为汽车可以象征自己、自我，所以可以把汽车当作人的身体来解读。身体的象征可以"比类"到汽车上。比如汽车的四个轮胎，正好和人的双手双脚对应；车的前脸可以和人的脸相对应；后备厢可以和人的臀部对应；汽油和人的血液对应；发动机和人的心脏对应……我们可以通过汽车的故障点寻找对应的心理问题点。

一位女士是一名心理咨询师。她做心理咨询时间还不长。一天晚上她给我打来电话，说今天遇到一件跟车有关的意外，让我分析一下。

她说，她的车都是停在小区路边的。今天早上八点多的时候，她要开车出门。前面正好有个井盖。她刚起步的第一脚，怎么那么巧，左前轮正好轧在井盖边上，把井盖给轧跑了，左前轮一下就被井口卡住了。她当时也不知道是怎么回事，就给了点儿油。这下可坏了，轮胎本来被卡住了，她这么一弄轮胎竟然掉井里了。

我说，汽车一般象征着自己，轮胎代表人的手和脚。左前轮呢，可以代表人的左手。手和做什么、拿什么、得到什么有关。我让她想想有什么事发生。

她说在咨询中发生了一件事。一个男孩正在上初二，因为有些强迫症状，他妈妈打电话想来做咨询。她了解完情况后，对他妈妈说心理咨询很难一次见效，可以咨询一段时间再看效果。在她的建议下，这位妈妈就预交了五次的费用。上周刚刚和男孩做完第一次咨询，她自己感觉还不错。临走时，妈妈问男孩怎么样，那个男孩也觉得挺好，愿意继续来咨询。妈妈也对她表示感谢。这周本来该做第二次了。想不到快到咨询时间了，他妈妈突然打来电话，说孩子不想去了，想退钱。她就问怎么回事，孩子发生了什么状况？她想了解一下情况，再顺便安抚一下孩子。没想到孩子妈妈的态度非常不好，只强调说孩子不想去了，而且叫她别再问了，退钱就行了。孩子妈妈的这种态度，让她非常生气。

我问她这是什么时候的事。她说是昨晚八点多发生的。我接着说："那就是了，你早上刚出家门，还没有出小区，说明这事的原因可能和家里有关，而你又是在家里做咨询（她住在郊区，家里离咨询室很远，晚上做咨询很不方便，她就把家里的一个卧室改装成咨询室，这个咨询就是她在家里做的）。你刚刚启动车子，第一下就被卡住了，紧接着轮胎就掉井里了。我现在把轮胎'掉了'换个词，改成轮胎'脱落'，可以吗？"

"没问题。"

"你刚刚起步第一脚，轮胎就脱落了。你的来访者——那个男孩，同样不也是脱落了吗？而且是第一次咨询就脱落了（脱落：心理咨询中的一个常用术语，意思是来访者没有到约定的咨询次数，就中途中止了，或者来访者的咨询目标还没有达成，问题还没有解决，来访者就不再来咨询了）。

"真的是这样。"

"还有，你说车轮不知道怎么就卡住了。你的咨询也是，你也不知道哪里卡住了，但一定是出了什么问题，才导致那个男孩不愿意来了，他妈妈非得退费，是吧？"

"嗯！应该是有原因吧，我问了，但他妈妈也不说。"

"你的左前轮脱落了，你的来访者是那个男孩，虽然他妈妈说话不中听，但主因还是那个男孩不愿意来所引发的。为什么是前轮呢，前轮可以代表人的手，手可以代表得到。你是因为没有得到你应该得到的东西而愤怒，比如尊重、理解，比如钱。"我接着说："还有，你这件事发生在早上，早上是一天的开始，也象征着事情的开始，说明你的咨询刚刚开始就遇到了问题。这个时间也挺有意思，昨天晚上八点多来访者脱落（原定咨询是晚上八点半开始），今天早上八点多你的车轮脱落，相隔了整整十二个小时。"

在这个意外中，车轮的脱落竟然和她来访者的脱落暗合，不得不让人叹服潜意识的奇妙、巧妙和精妙。

意外的发生时间有一个规律，拿"象征性重现"来说，就是在周期性的时间节点上更容易发生，比如相隔 12 小时、24 小时、48 小时或者一周。

一位女士联系我说，今天上午在单位做操时，把手机放在同事轿车的后备厢上，不知道同事何时把车开走了。她给同事打电话时，同事已经开出去有几公里远。同事停车后，发现手机竟然在后备厢上没有脱落，就马上给她送了回来。

这是一次失而复得的意外，发生的地点是在她的单位，很可能是工作上有关于什么失而复得的事情。

她原来是律师，后来去学校工作，再过两三年她就退休了。最近不断有人向她求助法律上的问题，她就把原来的东西往回捡，开始积极复习，认为再过两年就可以重操旧业了。

汽车后备厢可以对应人的臀部，臀部代表拖延，所以汽车后备厢也可以代表拖延。我问她最近有没有拖延、耽误的事。

她说有，现在她的教学任务很重，有些材料还没有赶出来，有几个校外的案件她答应帮忙但还没有做，让她有些焦虑。

意外的分析是动态的，象征也会随着分析视角的变化而不断变化。

这个意外发生在单位，她把手机放在同事的汽车后备厢上。手机可以代表她的工作，这时候的汽车就代表她工作的平台——她的单位，手机放在汽车后备厢上代表她目前有很多拖延的工作要做。同事开着车走了，从汽车离开单位的这一刻起，出现了两个空间，单位内和单位外，单位内的空间代表她的单位，单位外的空间可以代表社会；汽车载着她的手机离开单位，这时的手机代表她自己，象征她从单位退休进入社会。手机没有从汽车上

"脱落"的心理原因，就是她认为自己的能力还在，退休后还能继续做律师工作，不会被时代落下。这时的汽车就代表不断向前发展的社会，没有脱落的手机就代表有能力紧跟社会的自己。

单位内可以代表她的在职工作，单位外可以代表她以后的退休生活。汽车离开单位前发生的事代表她目前工作遇到的问题，就是拖延的问题，汽车离开单位后发生的事代表她对退休后的展望——重操律师工作，属于失而复得。这个意外出现了两个空间，我们发现是由两种心理共同叠加造成的，一个是她目前工作遇到的问题，还有她退休后的计划。那个同事开车载着她的手机走了几公里远，这"几公里"可以代表时间，就是几年之后她退休，就可以重操旧业了。

这是一次失而复得的"全息"意外。

脱落：脱离、落下，控制不住、协调不了。

手机：代表沟通和联结，还代表沟通技能或资源。

后臀部：代表拖延、累赘、落后等。

三、慢跑气和爆胎——家庭经济危机

2020年7月7日晚，东莞樟木头镇一路段散落大量长约3厘米的螺丝钉，近百辆车轮胎被扎，有车主轮胎被扎四百多颗钉子。开始怀疑是人为的，后经调查，事故系一装载螺丝的货车包装破损，导致螺丝沿途散落造成的。

对于汽车来说，一旦行驶中出现爆胎的状况，非常容易发生事故。据不完全统计，高速公路42%的意外事故，是由高速爆胎而造成的。有数据显示，其时速120公里，一旦前轮爆胎，翻车事故死亡率接近100%。

一位女士说一家子早上出门，在汽车的左前轮发现扎了个钉子，车胎慢跑气了，让我帮着分析一下。

我说："车可以代表自己，那左前轮就代表人的左手，手是关于做、拿、取什么的。汽车的左前轮扎了一根钉子就相当于你的左手扎了根刺。"

"我知道了，是关于我老公的。我和老公财务是分开的，平时各花各的，家里有大花销就各出一半。这几个月他的业务不太好，收入不多。他的钱都作投资了，一时半会儿还回不来，所以现在家里的花销都是我出。他三天两头地还和我要钱。其实他如果没有能力挣钱，我也不逼他了。他业务能力很强。他现在的状态是小活儿不接，大活儿又接不到，他就这么待着什么都不做。你说你先接点小活儿渡渡难关不行吗？这几天我都是说话带刺儿。我都觉得自己说话挺狠的，只是我控制不住自己。"

"那就是这个原因！轮胎慢跑气，有一定潜在的危险性。手和做工作有关。你老公现在有点儿托大，你是想刺激他让他赶快工作赚钱。你带刺儿的话，就相当于车轮胎上的那根钉子啊！"

"嗯，早上一家子出门，是我老公开的车，发现车胎慢跑气的也是他。他听到了异常响动。"她说。

司机是她老公，轮胎慢跑气也是她老公发现的，说明这事和家庭有关、和她老公有关。轮胎里的气就好像人的呼吸一样重要，轮胎一旦出问题会有潜在的重大安全隐患。如果不能及时发现，就会把车上所有人置于危险当中。对于家庭来说，经济入不敷出确实很危险，尤其是在北京这样的大城市里。

一位男生在清明节后，从老家开车回北京的路上，快到北京地界时，汽车轮胎被一个半圆形的铁棍扎到后漏气了。他没办法只能慢慢地向前开，后来在路边找了一个汽修厂修补。他问我是怎么回事？我问车上都是谁？他说一行四个人，他和女友，以及女友的父母。他开车。我说："轮胎漏气、爆胎可能和什么事泄气有关。因为是你们四个人在一起，所以这次意外可能和你们四个人都有些关系。"他点点头，回忆说："是这么回事，出发前大家想着在路上看看风景，比如水库啊，然后再顺便看看桃花什么的，想走一路玩一路。我们想走县道，结果我走错路了，走的是国道。大家什么风景也没有看到。再加上这几天降温，桃花也没有，大家都很沮丧，很泄气。后来大家都不说话了。"

　　本案例是团体性意外，团体性意外和每个成员的心理都有关系。大家开始的期待是走一路玩一路，结果司机走错了路，再加上天气的原因，大家什么都没有看到，都非常泄气。快到北京地界的时候扎胎，就是这时大家才彻底死心，没有一点儿希望了。

　　扎到轮胎里的是个半圆形的铁棍，从心理角度看也是有意义的。圆形：代表满足、圆满、完美；半圆形：代表遗憾、缺憾、损失；铁：代表冰冷、无情、坚硬、冷酷。这个"半圆形"的铁棍把"圆形"的轮胎扎破，可以代表众人那种"乘兴而来，败兴而归"、内心从热到凉、充满遗憾的心情。

　　这个案例还可以继续探索，就是这个男生开的车，可为什么会走错了路，结果让大家很失望、泄气呢？可能就是物极必反，想必他在女友父母面前想好好表现一番，所谓期望越大，失望也就越大吧！

　　2019年春节刚过，有一位女士联系我，说大年初一她的汽车在行驶中爆胎，让我帮着分析分析。她和两个朋友约好，在大年初一的中午去邻近城市赶庙会。那两个朋友在临出发前还发信息问她要不要一块儿走，结果她有事没看见，那两个朋友就先走了。她当时是从西往偏东北的方向开。在一条乡间的公路上，可能是轮胎碰到了路边有尖锐的东西或者是小的凹坑。她听到"嘭"的一声响，车子颠了一下，而且好像听到有漏气的声音。她想可能是爆胎了，停车后果然发现是右前轮爆胎了。我说："爆胎一般代表泄气，你想想有没有什么事情让你很泄气？"她说最近还好，没有什么事。

对于这种回答，我是司空见惯的。我们在学校接受多年的学习教育，多是知识方面的积累和逻辑思维方面的训练，对于身体的感觉和内在的情绪方面，很多人都没有什么觉察力。于是我又换了一个角度问："那你有没有本来想去什么地方，突然间去不成了？"她说这个有，她本来的计划是这几天要去美国看一个朋友。她想找人帮忙照顾自己的孩子，结果找不到，去美国的事儿只能放弃。这件事让她很遗憾和无奈。

"你是什么时候确定自己去不成的？"

"春节前心里就放弃了。"

"嗯，'放弃'就是'放气'，脚代表去、走，轮胎和脚可以对应。所以轮胎就代表去，轮胎'放气'就是去不成了。我觉得就是这件事。你去美国的计划，因为孩子没人照顾而放弃。你去邻近城市赶庙会，半路上爆胎，就是说庙会去不成了。两者都是从家出发，一个是得坐飞机去美国，一个是开车去邻近城市，这里邻近城市可以象征你要去的美国，而且这两件事都和你的朋友有关。去美国是见朋友，去邻近城市是和朋友赶庙会，朋友已经提前到了，在那里等你。这两件事都是中途遇到问题去不成了。"我说。

一位男生给我打电话说他的车胎连续被钉子扎漏气，而且都是右后胎。第一次车胎扎了一个钉子，第二次车胎上居然扎了两个钉子。他让我帮忙分析一下。

我说那可能是和女性有关，和泄气有关的事。

他说知道是怎么回事了。几天前他在一次朋友聚会上认识了一位女孩子。大家就有意撮合他们俩，他觉得那个女孩也不错，就互留了联系方式。聊天过程中，女孩说起她的脚踝骨折过，他就记住了。他有个朋友是医院的骨科主任，他跟主任说了这件事。主任说明天可以让他带着她过去看看。他就和那个女孩联系，把这事跟她一说，没想到她很不高兴，质问他："为什么没有经过我的同意你就安排好了这事？"这让他很无奈，也很尴尬。这事之后他主动跟女孩联系，发了两次信息，结果她都没有回。

"碰钉子了，是吧？"我笑着问他。

"是。"他有些苦笑着回答。

这位男生想追求一个女孩，没想到好心办了坏事。女孩认为男生不尊重她，后面干脆不理他了，让男生连续碰到了"钉子"。有意思的是，他的汽车轮胎同样也是连续碰到了"钉子"。

前胎：汽车前胎代表人的手，手是关于做、拿、取什么的。

后胎：汽车后胎相当于人的脚，脚和走路、去不去有关。

爆胎：对什么事情突然"泄了气"，或者是突然面临了很大危险。

四、追尾——前途的焦虑

在小区里，黄先生的车在一年内被同一个女人撞了三次，而且被撞的是同一个地方。第一次：在小区门口，他在刷卡进小区时，她用前保险杠正面撞击他车的左后方，撞出个洞。经过保险公司协商，没有换，重新补塑料胶，女方赔了他500元，此事完毕。第二次：又是这个女的，她早上上班，在倒车时，她的右后方撞击了他的左后方，这次那个洞被二次撞击后，洞更大了，只有换后包围了。女方赔了他1200元，此事完毕。第三次：还是这个女的，还是同一个位置，被她倒车时又撞出了一个洞。这次他真的无语了。

一位朋友是部门经理。他一年前开车发生了一次追尾，把汽车的左边前大灯撞烂了，想听听我对这件事的分析。

他说："时间是在一年前，从公司回家的路上，在一个下坡，我开车想从左前方超车，结果前面的车突然一个急刹车，就追尾了。我的车头左前方擦碰到前车尾部，前面的左大灯就撞烂了。"

"在路上发生的事，这个'路'可以实指，也可以虚指，实指就是现实中真实存在的路；虚指的'路'是现实中不存在的，是带有目的性和方向性的一种象征性表达，比如事业之路、求学之路、婚姻之路等。发生在路上的意外多是虚指的'路'。汽车代表自己，灯代表目标和方向，车头大灯代表向前的方向。你想想看能想到什么？"

"我想到的是，我当时正想跳槽到一家新公司，处在等待的阶段。我在原来公司干得非常憋屈，虽然我也是经理，但权限很小，没有独立自主性，事事都要向上级请示报告。而且上级强势且不近人情，这让我很压抑。之前还发生了一件让我感觉非常难受的事。我按照公司要求去做一个项目，请业务方一起吃饭，花了500元。这事发生后，上级领导唠唠叨叨，翻来覆去地说要尽量花小钱办大事，能不花钱尽量不花钱。这次沟通让我很难受。因为我事先报备了，上级都同意请业务方吃饭了，事后又质疑我。最让我烦心的是，我是经理，连花小钱的权限都没有，以后业务很难开展。这让我非常纠结。"

"纠结什么？"

"到底是走还是留。公司让我感觉各种不适应，工作上没有权限。还有就是我无法适应领导，对她的做事风格很反感。所以我就去另外一家公司面试，那家公司平台较大，而且薪水更高。"

"发生这个意外时，你辞职了吗？"我问。

"没有，正在和新公司接洽，在等通知。就是这时出了意外。现在觉察这次车祸原因，就是我的加速超车，跟我当时想尽快结束纠结，尽早做出选择相符。"

下坡就是代表下滑、下降、什么事情走下坡路。他在原来公司的薪水不理想，权力受限，再加上一个不喜欢的上级，让他很纠结、焦虑。可以说他的事业正在走下坡路。他想加速走出这种困境，结果在下坡时发生了这次意外事故。

下面这个案例的当事人是一个中学女老师，在高速上和前车追尾，前大灯损坏。她说当晚有事要去另外一个学校。那个学校距离她单位挺远，她想下班早点儿走。可是那天单位偏偏开会开到很晚，她就很着急，一路超车。在高速上，前面的一辆宝马车急刹车，她就直接撞上去了。比较危险的是，当时主驾驶的安全气囊并没有打开，但副驾驶的安全气囊却打开了。

"这是从你的学校到另一个学校半路上发生的事，可能和你的学校或者工作有关。你想想着急、焦虑的是什么？"

她说她是老师，这份工作她很愿意做。可是她还得兼做一些她不喜欢做的行政工作。那些事耗时耗力，让她不胜其烦。正巧另外一个学校校长邀请她去他们学校工作，还承诺只让她做专业方面的事。她已经决定明年调走了，但又不知道学校的意见（因为学校老师流失严重，学校不愿意放走任何一个老师）。

我说："就是这个，你这个意外涉及两个学校，还发生在高速公路上。这路代表你的事业之路，高速代表速度快。你当时着急从一个学校赶到另外一个学校，发生了意外。用象征语言翻译就是：你急于从一个学校调往另外一个学校工作。你的汽车大灯损坏严重，也说明和你的前途有关。"

"那安全气囊呢？我的安全气囊当时并没有打开，但副驾驶的安全气囊却打开了，这是怎么回事？"她问。

"安全气囊是关于安全、保障的，座椅代表位置，主驾驶的座椅代表你现在学校的位置，副驾驶的座椅代表你将要去的学校的位置。副驾驶的安全气囊打开了，说明你要去的学校校长答应了你的要求，给了你保证：你只做专业方面的工作，不做行政方面的事务。主驾驶的安全气囊应该打开却没有打开。没有打开就代表着危险，说明你还没有把握能调走，因为他们不愿意轻易放走任何一个老师。"我给她做了解释。

最后我们来解读一下被她追尾的宝马车。她的车和这辆宝马车来了一个"亲密接触"，只要发生关系的都不是偶然现象。宝马是豪华汽车的著名品牌，"宝马"这两个字可以让我们联想到"自由、驰骋"，原来的学校让她做很多的行政工作，她很厌烦。她喜欢当老师，但她只想做她的专业。给她一片天地，可以自由驰骋，是她一直所向往的。正是另外那个校长给她的承诺打动了她。

汽车前面车灯出现问题，一般都和看不清前进的方向有关。

这两个案例都是对于前途的纠结和焦虑，然后追尾造成了车灯的损坏。

灯：代表有意识的思想、信念、信仰等，还和光明、方向有关。汽车车头大灯：车头大灯照亮的是前方，是汽车向前行驶的方向。

下坡就是代表下滑、下降、什么事情往下走、走下坡路。

汽车追尾：不想等待，急于做什么事或者赶超什么。汽车被别人追尾：挡了别人的路，无端受到攻击、排挤。

高速路：从一个起点到一个终点的快速转换之中，从一个阶段到另一个阶段的快速转换之中，还有就是在加速实现理想、野心。

安全气囊：象征关于安全、保障。

五、惨烈的车祸——情绪的临界点

2019 年 6 月 8 日晚，四川资阳 64 岁的老人刘承福前往青海玉树为烈士父亲扫墓，却在途中遭遇车祸，导致颈椎断裂、高位截瘫。据了解，刘承福幼年丧父，后随母改嫁改姓，父亲施奉长牺牲于 1958 年。由于通讯不畅，家人不知其在何处牺牲。长达 40 年的时间，刘承福最大的心愿就是找到父亲牺牲安葬的地方。后经多方查询，刘承福才找到了父亲安葬地，没想到在扫墓途中遭遇车祸。

下面是我很早期的一个案例，对于我研究汽车意外的意义重大。说起来有些惨烈，我朋友在一家国企工作，上班开车时把一位老人撞成了高位截瘫。这个事情过去一年后，我约他见面。他看上去精神很疲惫，还没有彻底从这次阴影中走出来。处理这件事让他心力交瘁。

我让他说说当时发生的情况。

他说，那天早晨他开车去上班，马上就要到单位了。过一个路口时，他看红绿灯马上就要变红灯了，就想加油快点儿过去。没想到他刚一提速，在他的右前方突然出现了一个人影。他再想刹车已经来不及了。"嘭"的一声，他感觉车子猛地一震，知道坏了。他立刻靠边停车，下车看到有个老人躺在地上。他先报警，然后赶快叫救护车把老人送到医院。经抢救老人脱离生命危险，意识也逐渐清醒，就是脖子以下没有知觉了，属于高位截瘫。

我问他："你早上着急去上班，那个老爷子为什么也那么急，大早上的干什么去呀？"

他叹口气说："唉！老爷子就是去早市买菜。早市的菜不是便宜吗，他也着急想过去，结果这一抢就抢出事了。我过那个红绿灯时，特意往人行道看了一眼。我到现在都不知道他是从哪里冒出来的。说来这事也真是巧了，那老爷子一家人几年前就移民了。这次他是回国探亲，过两天就该走了，听说行李都打好包了。这事他倒霉我也倒霉，我是四处借钱，现在欠了一屁股债。我爸妈为了这事也急坏了。后来我和我爸妈说，这都是命啊！是我上辈子欠了他的，这辈子来还的！"

"你把这事归咎到上辈子欠他的债，你可以这么想，没问题。我现在想从心理角度帮你解读一下，你愿意吗？"

他看着我点了点头。

"被你撞的老人是个男性，是吧？"

"是的。"

"老人年龄是六十几岁，快七十了，对吧？"

"是啊！"

"还有，你是快到单位时发生的车祸，是吧？"

"对，这怎么了？"他有些疑惑地看着我。

"按照我的理论分析，这事是你早上上班时发生的，而且事发地点是离工作单位很近的一个地方，那么你这件事发生的心理原因，有可能和你单位有关。这是我的第一个分析。"

"嗯，还有呢？"

我接着说："你开车撞的别人，说明你对别人有攻击行为，能量是向外的。一般什么时候人会有攻击行为呢，就是在愤怒的时候，尤其是极度愤怒又忍无可忍的时候。你的这起事故很严重，说明你的愤怒很大。这是我的第二个分析。"

"噢。有道理！"

我顿了顿，看了他一眼，接着又说："我的第三个分析就是，你愤怒的对象可能是个男性。你想想在单位里，有没有一个年龄比较大的男人，你对他又非常愤怒。有这样的一个人吗？"

朋友认真地听着我的分析，眼睛在直勾勾地看着我。这时他低下头陷入了沉思，过了一会儿抬起头米，小声而且缓慢地说："要是这么说的话，确实有这样一个人，那就是我们主任。"

我问他是否愿意说说。

他说："可以，我们主任今年快七十了，早就退休了，是被返聘到机关的。因为他确实技术高，还有就是和领导关系好，所以退休后我们单位就一直返聘他。这个主任有些权力，很多事都是他来把控和负责。我对他为什么生气呢？你说他岁数那么大了，也不缺钱花，在家多好，他真的早该走了。我在单位也干了这么多年，早该升职了。领导也挺认可的我能力，但因为我的职务低，很多机会都错过了。"

"你有这种感觉有多久了？"

"有两三年了。"

"有没有一种你想往前走，他在前面挡了你的路的感觉呢？"我问。

"是啊，就是这种感觉。他在你前面挡着。就这一条路，你既过不去，也绕不开，进不能进，退也没法退。你干着急还没有什么办法。"

"嗯，你出了这事后，你还想着当主任的事吗？"

"还想什么呀？不想了，焦头烂额地四处借钱，只想把这件事尽快处理完。那一阵，都有生不如死的感觉。"

车祸是行车时发生的伤亡事故，一般具有强烈的攻击性。有一些车祸来自路怒族，也称路怒症。路怒症表现为开车心情烦躁，容易发脾气，甚至会情绪失控。我这位朋友就是路怒族。人们有时对这种现象很奇怪，平时谦谦君子，为什么一开车就满嘴脏话，骂骂咧咧，怒火朝天啊，是怎么回事？汽车从心理层面讲是象征着自己或自我。更确切地讲，开车的时候是放大了的自我、全副武装的自我。汽车启动的一刹那，路怒族就从手无寸铁的普通人瞬间变成浑身装备的钢铁侠了。就好像一个普通人给他权力也会成为暴君，一个懦弱的人给他把枪也可以变得有恃无恐。平时的好脾气不见了，变成了一个易怒暴躁的人，就是因为人格结构里压抑的本我被释放出来了。平时得遵从于道德和规条，打扮成一个文明人。其实越是文明人，超我就越强大，本我越压抑。弗洛伊德说过：我坚信人类文明是以牺牲原始的本能为代价而创造出来的。比如英国的足球流氓世界闻名，这些球迷平时都很绅士，衣冠楚楚，但在球场上就变成了一群惹是生非的流氓。人总得有一个发泄情绪的途径，平时没有机会释放被压抑的情绪，那么在他感觉强大的时候，就是一个最佳时机。

积累的情绪能量如果爆发出来很具有毁灭性。这个案例就是他在过去积累了很多的情绪能量，内心充满了压力，就像一个不断蓄水的大坝，一直在加压，而从来没有泄洪。当到达心理承受极限时，意外出现了，那么大的压力一下就没了。这属于强制性泄洪（撞人）。这就是潜意识的调节。它一般不会让你炸掉。真炸掉的人，是内心绝望的人。只有真正绝望了，才会发生致人死亡的意外。持续时间长、强度大的能量，到达一定程度后，如果不做主动心理调节，事态很容易往相反的方向发展，就是所谓"物极必返"。

一个人的攻击性，不是向外攻击别人，就是转而向内攻击自己。意外是一种特殊的能量释放和转化形式。

从心理角度说，这种外在的攻击源自心理的攻击。上述案例那个被撞的老爷子只是他内心攻击对象的替代品，其实他想攻击的另有其人，就是单位的主任，在机缘巧合之下，在上班的路上撞了挡住他路的一个老人。他心中愤恨的是一个挡住他的事业向前发展的人，结果他却开车撞上了一个挡了他前进之路的人。

据我的研究，事故的严重程度和肇事者内心的情绪大小是呈正比的，这也是我们查找意外心理的一个规律。一个人开始的起心动念就已经决定最后的结果了。

这个老者被撞成了高位截瘫。这对我朋友来说意味着什么呢？他工作多年，踏实肯干，但没有晋升机会，没有一个更大、更高的舞台让他施展。有好机会来临时，他也只能想、只能听、只能看，就是轮不上他，他的手脚就好像被捆住了一样，让他动弹不得。而且这种情况持续多年,"高位截瘫"不就是他事业状态的写照吗?

上面分析的是撞人者的心理原因。有人说那个老爷子是怎么回事,他会是一个什么样的心理,才会被撞成高位截瘫呢?我说他被撞成这样子,也一定是有什么心理原因在起作用,不是偶然的。我们在这里可以推测一下,那位老爷子是一大早就急着去买菜,而且是一个人,为什么买菜那么着急呢,就是去早市买菜可以便宜一点。从这点可以看出,老爷子是经常去买菜,偶尔去买菜的人是不会在乎多花一块两块的。老一辈的人,买菜做饭的还是女性居多,老爷子一早出来买菜,可见他们家是女强男弱(我的推测得到了我朋友的证实,说他们家确实是老婆当家,比较强势)。

宇宙是需要平衡的,家庭也一样。一个人看起来很弱,但不会永远弱下去。所以说别看老实人平时不发脾气,发起脾气来谁也惹不起。经常听说社会上一些恶性事件的当事人是老实人,因为老实人一贯都是忍耐和压抑,在忍无可忍的情况下,情绪就会失控,甚至杀人。这也是一种平衡,"零存整取"将多少年的压抑能量释放掉。现在家庭里有很多是阴盛阳衰的情况,就是女主外男主内,女方当家,对老公不满,指责抱怨。可我发现,经常有年轻时女方欺负男方的,可是不知道发生了什么情况之后,在晚年两人关系就发生了逆转,男方开始强势了,指责抱怨女方,好像要把当年受的气给补偿回来,女方则由强势变得逆来顺受了。我和一位朋友谈到这个问题的时候,她频频点头说是。她家就是这样的。她爸妈完全来了一个大反转,前半辈子她妈欺负她爸,老了老了变成她爸欺负她妈了。

这个案例我是这样推测的:可能男方在家里软弱了大半辈

子，对女方有很多怨气。那么在他的潜意识里，可能就会有这样的想法：我一直伺候你，给你买菜做饭，什么时候也让你来好好伺候伺候我，给我买菜做饭！当男方这种想法非常强烈又压抑的时候，潜意识就可能满足他的意愿，通过意外这种非常规手段来达到目的。

但假设终归是假设，猜测终归是猜测，我想真有这么个机会就好了，和他们老两口好好聊聊。尤其是那个老爷子，真的很遗憾，没法去证实了。这事处理完他们就离开中国了。

我觉得还有线索可以说明这个推测的合理性，就是老爷子是在国内买菜的路上出事的，买菜做饭象征着家庭生活。就是说：是国内的家庭生活让他积累了非常多的负面情绪。

一个女士家里也是这样的。她妈妈勤劳了一辈子，家里都是她妈妈一个人忙里忙外。有一年她弟弟在小区被一辆汽车从后面撞倒，后脑磕到了一块石头上昏迷过去，在医院 ICU 抢救了整整七天才醒过来。经过调查后发现肇事车辆是套牌车，没找到。弟弟受伤一个多月后，她妈妈被确诊得了乳腺癌。妈妈住院后，爸爸主持开了个家庭会议，说："你妈在，家就在。你妈不在了，家就没有了，我也活不长了。所以你们一定要多关心你妈。"自此以后，她妈妈再也不用干活了。她妈妈想干活儿，大家也不让她干。原来妈妈把家中里里外外的活都包了，现在是爸爸抢着把家中的活都干了，过去不会干的也会干了。看似合情合理的事情，把家里的整个能量都逆转了，但同时也和过去的能量平衡了。

瘫痪：某个内在部分无法良好运作，以至失去了作用。代表非常痛苦，被剥夺了自卫的能力，感觉受到了严重的伤害。

事故：指向痛苦的体验，失败的感受。

六、肇事逃逸的女司机——分分合合

2019 年 9 月 30 日，在山东招远市，一辆黑色汽车撞伤了一名行人后司机逃逸。让人想不到的是，经过调查后发现，这个司机刘某不久前因无证驾驶肇事逃逸被治安拘留 20 日。他刚放出来仅仅 5 天，就再次撞人后逃逸。刘某投案后坦白他肇事逃逸的原因：他的汽车没有商业保险，撞伤人怕赔不起巨额赔偿金。

一位男士跟我联系，说他爸爸被车撞了，现在住进了医院，可是肇事司机逃逸了，让我帮着分析分析，这个逃逸的司机是个什么人。

他住在北京，他爸妈都是六十几岁的老人，今年到儿子这里来了。他爸没事的时候就爱出去遛弯。那天中午，他爸爸在往回走的时候，在一个路口等红绿灯，在他的左后方出现了一辆车。那车是从一个大门里向外倒车，速度也不快，一下撞到了老人的左胯。老人向右摔倒，汽车把右大腿压骨折了。那个司机不知道是没看见还是故意逃逸，一溜烟就开走了。老人倒地后大声呼救，被路人叫救护车送去医院。后来问老人是什么样汽车把他撞了，他说没看清楚。

我说："右边一般和女性有关，腿和走路有关，骨折是和分离、分开、断绝有关。连起来就是可能和一位女性有关，而且和断绝、分离有关。"

他苦笑一声说："我爸在北京谁都不认识，也不串门，那就是和我妈呗。他们老两口经常吵闹。我爸做事认真，好整洁，好规矩。我妈大大咧咧，生活随意，但也是很较真。他们任何一件小事都能吵翻天，我爸指责我妈，我妈就回击他，每次都给他气得够呛。甚至前几天夜里两个人就吵起来了。我们赶快过去看，以为发生了什么大事，原来我爸嫌我妈睡觉时占的地方太大，屁股老挤他，自己没地方睡，大声嚷嚷着要和我妈分开睡。我也没办法，劝也劝不了。我爸生气地说，在这儿觉都没法睡，他说要一个人回老家去。"

我说："夜里争吵这事和这次意外还真是挺像的。第一，你看你爸在前面走，站住时，后面的车倒车撞倒了他。你爸当时是被动的，所以你爸是在无意中、被动地受到了伤害。你爸妈睡觉吵架这事，你爸被你妈挤得没地方睡了，也是被动的，感到自己受到了伤害。两件事都是关于你爸的，都是和场地有关系，一个是路，一个是床，本来地方都够大，也都没有什么人，都不用撞和挤，却偏偏撞在了一起，挤在了一起。还有就是你爸被撞后呼救喊的是路人，然后被送医院。在家里睡觉这事他也是呼喊你们，让你们夫妻去主持公道，也是很像的。最后你爸要和你妈分开睡，甚至威胁要一个人回老家，这就和分离有关。这就和你爸的这次右腿骨折对应上了。对了，你爸说你妈睡觉的时候老用屁股挤他，有意思的是，汽车居然也是用车屁股把他撞倒的。还有，你爸是一个人遛弯回家时被撞的，巧合的是你爸说过要一个人回老家。'回家'可以对应'回老家'，出门遛弯可以对应他们从老家出门来北京。"

我最后对他说："我猜测一下，这个肇事逃逸的司机很可能是个女司机。"

过了几天交通事故科打来电话，让他们去配合调查。当时的监控录像调出来了，肇事车辆和司机都已经找到。巧的是，司机就是个女的。让人惊奇的是她的年龄，居然有六十一岁高龄了，开的车也不是她自己的，是公家的。她说自己当天心情烦躁，自己视力也不太好，真的没看见撞到人，不是故意逃逸。这个女司机的年龄可以说和他妈妈的年龄非常接近，真是奇妙地对应。

有人问，因为床上吵架那件小事，就会发生骨折这样大的意外吗？确实骨折属于比较大的意外，一般是因为长期的情绪积压而引起的。古话说"伤筋动骨一百天"，骨折怎么也得休养三四个月。我问朋友他爸妈来北京多久了，我朋友说有三个多月了。我的分析就是：这次老两口吵架，想分开睡的事件恰巧发生在这次车祸前，只是导火索。先不说以前，就说这三个多月的连续争吵和生气，这些情绪能量已经非常多了，足够引发一次比较大的意外。

为了这事我特意去朋友家里看望老人，单独和他谈了谈，证实了我朋友的说法。我问他和老伴究竟是因为什么老吵架，有没有具体的事情。老人很茫然地想了半天，最后说，想不起来什么具体的事，反正就是经常吵。有意思的是，老人受伤后，老两口也不吵架了。因为这事两人从此彼此珍惜，倒是因祸得福。

汽车一般象征着自我、自己，这次意外比较特殊，因为那个司机开的车不是自己的，是公家的车。巧合的是，老人住的房子是儿子的，也不是自己的，两者都属于临时性的借用。

还有一个问题，就是我朋友一家一致都认为他爸爸脾气不好，爱指责别人，大伙儿都有点儿怕他。为什么被撞的是他呢？按照我们前面的分析，他应该能量向外的，不应该是被撞的！我和他沟通后发现，原因就是他一直认为自己才是受害者。他也不想发脾气吵架，都是让别人气的。比如和老伴儿吵架，他的理由是：不是自己想和她吵，谁愿意吵架呀！是她把东西乱放，他是实在看不过去说她，她不服回嘴，最后才吵起来了。所以不是他自己的问题，是老伴儿的问题。如果她把东西放得好好的，自己还会和她吵吗？还有就是那次夜里吵架，他也是认为老伴儿占了自己的地方，是老伴儿惹得他，自己才是被欺负的那个。你看，虽然两人吵架，他并没有想赶走老伴的意思，而是说他没法睡觉，自己要回老家去，惹不起你，我走！这明显是一种受害者模式，所以在这次事故中，他是被撞的那个。

在发生的交通事故中，有能量向外"攻"的，也得有能量向内"守"的。但不管是"攻"还是"守"，前提都是由于内心产生了不平衡的情绪所致，其他意外也是如此。这是我们解读意外的一个规律。

骨折：分离、断开等心理容易引发骨折。比如：离婚、分手等，还有一种情况是有亲人去世，尤其是突发性的，这时候容易发生意外骨折。我的一位亲戚，他的儿子刚刚离婚。他走路不小心摔倒，把腿摔骨折了。有篇新闻报道，一个战士救人牺牲，他的父亲十几天后走路摔倒，把腰椎摔成骨折。

最后说说关于意外中的"人物替代"，有时候外形方面会非常的相似，甚至达到惊人的地步，有时是气质、感觉方面像。所有事情都不是绝对的，每个意外都有它的特色和特点，都有其巧妙之处。

一位女士说她女儿骑自行车被一辆汽车撞了，她问我可能是什么心理原因。她女儿今年 24 岁，前几天骑自行车下班回家，快到家的时候，被一辆汽车撞了，自行车飞了出去，人趴在地上半天才起来。撞她的汽车司机也吓坏了，停了车在车里都没敢动。司机直到看见她女儿有动静了，从地上坐起来了，确认她没啥大事才敢从车里出来。司机是个男的，五十出头。她说和她老公的年龄差不多。

她的女儿只是屁股摔了一下，有些痛，别处没事。

"这样，我猜一下，可能是你老公指责你女儿、骂你女儿。骂什么呢，很可能是你女儿做事拖延、做事慢。"我说。

她笑了，说："你说对了，就是这样的。我老公三天两头地骂我女儿，说她慢，行动力差，我根本就劝不住。出这事之前还骂过她一次。"

自行车被汽车撞了，自行车是弱势群体，是被动的，汽车是强势的，是主动的。撞人的是一位五十出头的男性司机，基本可以确定这个司机是代替女孩的父亲了。

臀部：一般和拖延、落后的心理有关。

痛：和着急、生气、恨、害怕等情绪有关。

路口、十字路口：表示你来到了生命中有数个选择的地方，你需要做出重要的决定。

骨折：分离、断开、分手、离婚等心理容易引发骨折。

七、大巴车侧翻——不平衡中的平衡

2018年10月28日，重庆万州一辆22路公交车在长江二桥自南向北行驶过程中，突然越过中心实线，与对向一辆红色轿车发生碰撞，冲上人行道，撞断护栏，坠入长江。除司机外，公交车上有14名乘客。后调查发现，事故原因其实很简单：因为坐过站，乘客刘某要求下车，但该处没有公交车站，驾驶员冉某未停车。之后双方由此引发的争执和互殴导致车辆失控，最终撞断护栏坠江。

一位男士是室内设计师。两年前在清明节休假之后，他坐大巴车从老家回北京，在高速路上大巴车突然意外侧翻，致多名乘客受伤。他是左手肘骨折，住了一个月的医院。我和他谈起这件事时，他还心有余悸！

他说："清明节放假结束，我坐大巴从老家回北京的公司时，在高速路上发生了事故。当时都已经快进入北京地界了。"

"噢！当时是什么时候？你坐在哪里，是怎么受伤的？"

"是下午，我的座位在车厢右面，挨着中间通道的位置。上车后我就开始休息，大巴车侧翻的时候我是睡着的，都不知道怎么回事就受伤了。大巴车是向左侧翻，我是先被抛起来后摔下来的。很多人都受伤了，但都是轻伤。重伤的只有我们三个：一个大哥碰到头了，听说好几天都昏迷不醒。还有一个坐在后排的小姑娘，大腿骨头都露出来了。我是左臂肱骨下面这里骨折，就是胳膊肘这里，后来做手术，住了一个月医院。"他说。

"你当时没有系安全带吗？"我关切地问。

"系了，大巴车管理挺严的，有人不系安全带，司机就不走。出事的时候，可能车翻倒的力量太大，我的安全带突然断了，把我整个人抛起来又摔下去。我的胳膊是摔伤的。"

"那大巴车是因为什么出事的呢？"

"我当时人是晕的，不知道。后来听别人说，是因为大巴车躲避前面的一辆小轿车才出事的。车里是一对夫妻和一个孩子，当时司机是那个女的。他们一家人都没受伤，只是车子报废了。"

"这还真是个挺大的意外，你想想出事前在公司有什么大事发生没有？"因为他是回北京公司出的事，很可能和公司有关。我就从公司开始问起。

"我就是去了一趟南京啊，没有别的事。"

"去南京？"我问，"去南京做什么？"

"我们装饰公司既设计也管施工。我们的工作情况是这样：

每个工程施工时都有一个驻场设计师。公司在南京有个工程，开工已经有一段时间了。本来有一个设计师同事在现场跟着。正赶上他老婆生孩子，他要陪老婆，公司就派我去南京顶替他。我去了一个月，然后清明节放假，我就回老家了。"

"那你在南京怎么样呢，你愿意去吗？"

他一听，就提高了嗓门，撇了撇嘴说："哎呀，说实话，不愿意去！我是驻场设计师，在工地除了设计图纸，还要安排现场工作、施工材料等，还得和那里施工人员协调。他们有什么事都得先来问我，我再告诉他们用什么材料、怎么做，很多时候还得现场做设计、改方案。我们驻场设计师正常情况下都是从开工一直跟到完工。如果你从工程开始就跟着也没什么，就怕这种半路接手的。工程都干一半了，你来了什么都不清楚。他们什么事还得来问你，你就必须把所有图纸重新看一遍，所有状况都了解一下。在这里你又谁也不认识，还得和他们每个人打交道、协调。这种事想干好不容易，干坏又不行，特别憋屈。我也是有老婆孩子的人啊，也不知道什么时候才能结束。所以趁着清明节放假回家，我就不打算回去了，让老板派别人去。"

"按照你的说法，也是如你所愿了。你不想去，就真的不用去了，因为你受伤住院了吗！"

他笑了说："是啊，其实我也不是对那位同事有意见，他老婆生孩子的时间也不是他能左右的。我去南京是公司领导的安排，我是对领导的安排不满。"

"现在我从心理角度帮你分析一下，你是从老家回北京的公司，所以这次意外的心理原因可能和你的工作有关。现在看确实有关系，就是你去南京接手同事的工作，让你产生了很大的抵触情绪。"我接着说，"那个大巴车出事是因为躲避前面的一辆汽车。汽车里是一家三口，女的在开车。这次事故应该说是这个女性起了主导作用。你这次去南京去顶替男同事工作，是因为他老婆生产。你去南京工作的原因，其实说起来也是一位女性起的主导作用！大巴车的司机掌握大局和方向，因为他的失误造成了你身体的伤害。大巴车的环境可以象征你们公司，你在领导的安排下去了南京，结果受到了心理上的伤害和折磨，因为你不想去。还有汽车是把你抛起来，让你受了伤，而公司也是把你抛了出去（老板明知不是个好差事，没人愿意干，偏偏派了他去），一下把你从北京抛到了南京。"

"你受伤的位置是胳膊肘，胳膊的规律一般是帮忙，骨折是代表分离分开。你左胳膊肘骨折，我的解读就是，你因为帮助一个男同事，帮到一半的时候想离开造成的。最后还有一个时间，你住院一个月，而在出事以前，你在南京工作也恰好是一个月，正好平衡。所以通过你受伤出院的时间，也可以反推出这次意外的心理原因就是你的南京之行。"

"这正是我惊奇的地方"，他吃惊地说，"你一说我才发现，时间长短确实几乎完全一样。"

"我再问你一句，你出车祸后，你还抱怨工作上的事吗？"

"还抱怨什么呀，我早把那件事都忘到脑后了。那阵子想的都是怎么打官司了。护士对我说，你就是命大，你这个算轻伤，在高速上出车祸死人太常见了。现在回想起来我还有些后怕呢！"

现在从另一个角度再分析一下，胳膊可以代表男性性器官，他的左胳膊是先受伤，后做了手术，打了石膏。他受伤的过程也是先被抛起来而后被摔伤。人被抛起来就像男性性器官的勃起，胳膊做手术、打石膏就代表被阉割。他承认对老板很生气，并且说他不生那个同事的气。他老婆生孩子的时间也不是那个同事能左右的。但是从这次事故的过程和结果来看，在心里他对那个同事是有不满的。而这个不满和"性"有关（因为同事的性行为让妻子怀孕，妻子的生产造成同事的请假，同事的请假造成了他痛苦的南京之行）。

意外发生的意义何在呢？我觉得是大自然通过这种方式让当事人重新达到一种内在和外在的平衡。意外发生在失衡的状态下，开始去南京的时候他不想去，但也在那里坚持了一个月，下决心清明节放假后再也不去了。情绪是抱怨、不满，能量指向是向外、向上的，所谓"怒则气上"。当他受伤后，情绪是恐惧和后怕，能量指向是向内、向下的，所谓"恐则气下"。再加上前后时间都各是一个月，能量被自然中和、调节了。在前面"一次惨烈的车祸"中，也是如此，通过意外车祸，把当事人积蓄了很久的情绪一下子就给中和、瓦解了。

平衡循环是指宇宙万物在自然力量的作用下，永恒处于"平衡→不平衡→新平衡……"的循环过程中。事物的发展变化都是"波浪式前进，螺旋式上升"，但在人的内心不是这样的，因为遵循的是能量守恒定律。他开始的愤怒能量被后面的恐惧能量中和了，这只是表面现象。本质上那些愤怒的能量被压到潜意识里了。因为人的生存原则是：必须先顾及最重要的事情，尤其是危及生命的事。那么这股愤怒和恐惧的能量，在以后外部条件具备的刺激下，还会爆发出来。现在这种能量被中和、调节只是一种暂时的和解。

这个案例很值得回味，就是在时间、空间上有一种奇妙的均衡感，甚至可以说有一种对称的美感。首先就是在时间上，他去南京工作和住院的时间恰巧都是一个月，可以说完美对称。其次他工作的地方是南京，他要回的是北京，一南一北，这中国两大古都遥相对应，真是天作之合、浑然天成，潜意识的安排真让人激赏！

有人说：意外真的不是偶然的，而是和自己的内心有关吗？每个人哪里受伤、受伤的轻重真的和自己的心理有关吗？是的，我认为确实是这样。意外、事故无论大小没有是偶然发生的，那个昏迷了好多天的大哥，还有那个大腿露出骨头的女孩，他们每个人有每个人的状况和原因，都不是无缘无故的，都是和当事人的心理有关，但不是意识，是和无意识有关。

世上没有一片雪花会落错地方。

你的情绪点在哪里，你哪里就会受伤。你情绪有多大，你就会受多重的伤！

对于群体性意外，我的结论就是：每个人都有自己的心理问题，每个人受到伤害的位置以及受伤的轻重程度都和当事人积压的情绪大小、情绪失衡的严重程度是相匹配的。这些意外伤害，可以说都是从最初内心里的伤，最终经由意外事件变成了身体上的痛。

长途大巴车：与其他任何类型的交通方式一样，公共汽车连通人们生活的道路。当你乘坐长途大巴车时，你把控制权交予他人，找到一个座位，和别人一起搭乘一段旅程。

胳膊：一般是代表帮忙。

八、群体性意外的心理分析

2019 年 6 月 8 日下午，山东济宁市一酒店发生电梯故障，导致

6名高考生被困40多分钟，救出后却错过考试入场时间，导致无法进入考场，最后错过高考英语考试。这也是高考最后一科文化课的考试。这6名考生中，有5人是学习播音主持或编导专业的艺考生，一名普通文化课考生。艺考生中有4人已经通过了专业课考试。

一位女士和老公孩子一家三口和她的一个闺蜜一起去游玩度假，租住民宿时遭遇到了意外。这个案例就是一件事涉及多个人。

她对我说："第一次是在租房网站上租了一个稍贵的两居室，结果住进去以后完全不是那么回事，房子简陋，很不喜欢。第二天退房，可是那个房东不肯退我们剩下的房费。后来我找租房网站交涉，网站退了我们的钱。后来我们来到了海边，又租住了一个临海的三居室民宿。晚上外面一直唱歌放迪斯科音乐，让我们受不了，今天又另外找住处。同样，那个老板也不肯退我们房费。这是怎么回事？你觉得我们这可能是什么心理动力？"

我问她，和那朋友最近关系如何。

她说很和谐，她们关系一直很好。

"民宿属于旅馆，旅馆属于转换过渡、临时性的住所。你们可能是有一个过渡的什么阶段。在这个阶段期间，你很不满意。既然是民宿，而且你还是全家都去了，可能和家有关。你想想家庭方面有什么转换过渡阶段吗？"

"如果说有过渡的话，我打算过一段时间搬家，搬到郊区去，儿子要在那里上小学。这一年多我确实是过渡的心态，我非常不喜欢目前租住的那个房子。房东的态度很强硬，东西坏了，都是我自己出钱修，让我很生气，被那个房东气到懒得跟他交涉。现在这两个民宿，我也很生气，也是懒得和房东交涉。"

"水多代表情绪、情感，在海边代表情绪大。迪斯科音乐让你很烦躁，那个房东有没有让你很烦躁的事？"

"有很多，我家的房子衣柜门关不上、马桶老坏、衣柜的颜色很暗，房东又不同意我扔掉他的衣柜。我经常对这些感觉很烦躁。"

"这两个民宿，一个简陋，一个闹心，你的家这两个特点是不是都具备？"

"是啊！可是，价格却不便宜。再就是，这两个民宿都是我那个朋友的意见起了主导，而我家的房子是我老公起了主导，都不是我选的房子。结果事实证明房子都很不好。这两者简直太像、太精准了。"

"嗯，你朋友可能也有她的情况。你问问她。"我对她这样说，因为我想验证一下我的理论。

过了一会儿，她回应我说："问过我朋友了，她和我有同样的问题，她也准备搬家，目前也是过渡期。她的房子很贵，可是空间很小，她为了那个房子闹心很久了。"

果然不出我的所料，我对她说，"是啊，我猜想你们应该有类似的心埋，要不怎么是你们俩一起去的呢？"

"现在那个事儿已经不是事儿了，哈哈。上天就是用这样的方式，告诉我们目前的生活状态吧！"她大笑着说。

她们各自住的房子都有问题：就是价钱高，条件又不好。她们很有怨言，都有要搬家的意愿，结果她们出来旅游一同住的民宿，也是同样的状况，价钱高，条件又不好。一连发生两次之后，这引起了她的好奇心。我说如果意外牵涉到多人的话，是有相似的心理共同作用的结果，就是所谓"同频共振，同质相吸"，这个案例就让我们更加清晰了。前面那个汽车轮胎被半圆的铁棍扎爆胎的案例也属于群体性意外，车上四个人有很相似的心理。就是大家什么风景也没有看到，大家都很沮丧，很泄气。

在几年前的一天，一位女士和两个同事一起下班。在经过一条人行道的时候，三人同时被一辆汽车撞飞了。她本人在中间，飞出去有两米多远。幸亏车速不快，没有造成什么身体伤害。一个同事伤得挺重，在医院住了半年多才出院。另外一个同事虽然当时也被撞得跌出去了，却没有什么事。她问我这和心理有关吗？我说："有关啊，你看，你们是刚刚下班时遇到车祸，很可能和工作、公司有关，你想想当时公司发生什么事情没有，而且是你们三个人都受到影响的事件？"她说有，当时听到一个消息，她们所在的分公司要被撤销。这样的话她们就都得下岗了。我说："你们的这次事故，是你们的内心先受到冲击，然后身体才会受到冲击。你们三个人虽一起被撞，却有轻有重，可能就是因为分公司被撤销这件事，对每个人内心的冲击程度不一样造成的。"她说对，受伤最重的那个职位最高，她次之，受伤最轻的那个职位最低。神奇地是，受伤最重的那个同事虽然看起来伤势很重，在医院住了有半年时间，但出院后一点后遗症都没有留下。我问她们公司后来怎样了，她说后来她们分公司并没有被撤掉，她们也没有下岗。我说："这就可能是你们被汽车撞了，又没有造成什么后果的原因。即使其中一个开始看起来非常严重，但没有留下任何的后遗症。这次事故是一场虚惊，就像公司总部要撤掉分公司对你们是一场虚惊一样。"

一起意外中涉及的所有人，既有相似的心理，也可能有不同的心理差异，这是我们要注意的。

弗洛伊德认为：人类的心理活动有着严格的因果关系，没有一件事是偶然的。这就是"心理决定论"。现在我们知道，意外事件中牵扯到的每一个人都有各自的情况，每个人也都有各自的心理问题，在你来我往、高低起伏、穿插转换的能量流动中，满足了每个人潜意识的需要。可以这样说，群体意外是群体所有人潜意识共同作用的结果。

我在本书的开始，说到在一场车祸中很多人同时受伤，却受伤轻重有别，甚至有人死亡，有人却毫发无损。这个问题我们从心理角度就可以得到很好地解释了。在具体的分寸上，潜意识恰当适度地掌握了强度的大小。

一个教徒犯了罪，怕上帝处罚他，哪儿也不敢去，三年都没怎么出门。最后他实在忍不住了，打算出海旅行放松一下。结果他乘坐的游轮在茫茫大海中遇到大风暴。游轮马上就要沉没了，他一边哭诉一边向天空大喊："上帝啊，我知道错了，你为什么还是不放过我？我三年都没敢出门，我容易吗？"这时，天空中传来上帝的声音，很委屈地对他说："我用了好几年的时间，好不容易才把几百个像你一样的罪人都弄到了这艘船上，我容易吗？"

这是个笑话，但我不仅仅把它当成笑话来看！我不是说群体性的意外事故是因为他们每个人都犯了罪而要受到惩罚。我是说：一定有什么共同性的因素或者相似的心理，让他们在某个时刻聚到了一起，从而共同遭遇了意外。

本书中说的群体性意外指的是那种小型团体性意外，比如一艘船、一架飞机、一辆汽车上或者一个团体同时发生了意外，关于地震、海啸、火山爆发、核辐射、瘟疫大范围流行等伤亡众多的大型灾难，是自然界大的方面的平衡，这些都不在本书的谈论范围之内，有机会再作探讨。

旅游、旅途：是探索生命，探索新的方向，走向新的目的

地。还象征向着个人精神或职业目标前进。

民宿、旅馆：属于转换过渡、临时性的住所。

潜意识才是我们命运的真正推手！

现在，大家可能对我说过的"一切没有偶然，那些偶然都是看似偶然的必然"这句话有了更深刻的了解。

地震发生后，地震波以震源为中心像涟漪一样向外扩散，离震源越近的地方受到的冲击就越大，损失就越大，离震源越远的受到的冲击就越小，损失就越小。人的心理和地震波的原理是相似的。在意外中，我们研究的是你心中的震源，你的内在情绪越大，心理越失衡，你受的伤可能就越重；你的内在情绪越小，受的伤可能就越轻，甚至不会受伤。当你的得失心很小，对什么事看得开、想得透、不纠结、不压抑，人活得自然洒脱的时候，就会少发生意外。即使你遇到意外，可能也不会造成什么伤害。

对于看似偶然的事件，我们也不是完全没有自主权。我们的自主权就是养成向内看的思考习惯，随时觉察自己的情绪、状态，在自己情绪比较大的时候，可以主动调整自己，而不是一直处在无明的状态，非得潜意识通过意外、疾病等方式来提醒自己。这也是我研究意外心理分析的目的，让我们躲避开那些意外灾祸和意外伤害，让我们在一生中获得平安喜乐。

身体部位与心理对应关系

在心身疾病的研究中，注重"心-身"的联系。这种联系是有一定规律的，不管是身体部位还是身体感觉，都和心理存在对应关系。下面就列举一些简单的对应：

1. 头部：多对应父母、长辈、领导，也可代表思维、知识等。

2. 眼睛：和各种"看"的不平心理有关。

3. 耳朵：和各种"听"的不平心理有关。

4. 嘴：和各种"说"的不平心理有关。

5. 咽喉：想说却没说，或者想说却不能说的心理。

6. 颈椎：总觉得自己对、较劲、对什么都"不服"，性格比较倔强。

7. 双肩：跟责任、担子、拖、扛等概念有关，存了不平的心理。

8. 后背：跟以后、依靠有关。

9. 胳膊：整条胳膊是代表帮忙不帮忙的心理。

10. 手：跟拿、提、得到、干活有关的心理。

11. 腰部：感觉压力大难于支撑。和支撑、支柱有关。

12. 膝关节：屈服不屈服，挪动，起伏，等待等。

13. 大腿：支持不支持的心理。

14. 小腿：多是和下级、晚辈、孩子等人心情不平有关。

15. 脚：达到，对应各种走的不平心理。

意外的时空对应关系

意外会发生在特定的时间和地点，现在总结一下时空的特点。

1. 早晨：早晨、早点、提前、春天、事物的开始。

2. 中午：中午、中间、中途，事物的中期。

3. 傍晚：傍晚、事后、怕晚、晚年。

4. 夜里：夜里、黑夜、暗地里、背地里、隐藏、阴暗。

5. 春夏秋冬：对应当年相对应的季节。

6. 刮风：事情有了不好的变化。

7. 下雨：艰难伤感，或者气氛压抑、情绪大。

8. 天冷：什么事情变残酷。

9. 天热：热天时曾经发生的不平事情，面对好事、好环境的心情。

10. 走上坡路：人生爬坡时的艰难心理。

11. 上楼：什么事向上走，比如升职、加薪等；还有上学、上班等；愿望、目标实现困难的心理。

12. 下楼：事情变坏，下坡路，不接受下降、下海或者降级、成绩下降、水平降低等。

13. 在单位时：在单位发生意外，就想单位发生了什么事。

14. 在家时：在家发生意外，就想家里怎么了。

把疾病、意外当作朋友

我从小对生命充满了好奇，也对一些事情充满了困惑。

首先说说吃。我小时候有点偏食，有三种菜坚决不吃：香菜、芹菜和茴香。家里共四口人，爸爸、妈妈、姐姐和我。可除了我，他们对这几样菜都特别爱吃。尤其茴香馅包子和饺子，他们都争着抢着吃，我是唯恐避之不及。每当妈妈做茴香馅饺子时，她都给我单独做一种别的馅。在我们家族里面，不管长辈还是平辈，就没有我这样的。你不能说我是遗传吧！那我这种情况究竟是什么原因造成的呢？这个问题困扰了我好久。直到我学了多种心理学理论之后，才从象征的角度有所领悟，找到了最合理的解释。因为万事万物都有象征，你无论喜欢什么或者讨厌什么，都代表你性格的某一方面。

还有我们家族人数多，有时会发生一些意外。比如我爸爸就在我小时候受过工伤，并因此身体日渐虚弱下来。我就经常陷入沉思，为什么会发生这种事情？是巧合还是命中注定？

正是这些从小就埋在心底的那些好奇的种子，让我在不知不觉中走上了心灵探索之路。

对我人生方向产生重大影响的是妈妈得癌症这件事。2008 年

2月刚刚过完春节，我妈妈就被确诊为宫颈癌。因为病情严重，失去了手术机会，情况非常危急。为了得到更好的治疗，我把妈妈带到了北京。我妈妈在北京待了大半年时间。在这段时间，我开始了解癌症，了解心身疾病，搜寻了大量关于癌症的心理学资料，反思妈妈的得病过程，最后得出妈妈的癌症，其实心理是最主要的致病因素。妈妈积累了大量的负面情绪，从而长期处在崩溃的边缘……

在医院给妈妈进行医学治疗的同时，我每隔几天就用心理技术（主要是催眠）对妈妈作情绪释放。随着妈妈的情绪越来越稳定，病情也慢慢好转。到现在十二年过去了，妈妈恢复得很好，从来没有转移和复发过。用自己的所学能为妈妈的康复出一份力，这是我学习心理学最自豪、最骄傲的一件事情。我也通过这件事从心理层面对癌症的发生、发展有了深刻的认识。

对于让人不舒服的身体症状，人们普遍的态度是深恶痛绝。把症状当作敌人，要想办法消灭，这是医学的优势，同时也是医学的短板。因为很多疾病用医学手段把症状去除后，不久就又卷土重来，而且很多患者病情越来越重……

在我学习了心身疾病的理论之后，发现许许多多的疾病都源自我们的内在失衡。症状只是表象，身体症状是心理失衡后身体对我们发出的求救信号，只是很少有人能听懂。每一种症状都不是无缘无故产生的，这就是古人说的"病由心生"。我们可以根据症状的感觉和症状的部位等线索找到其致病的心理因素。当我们把这些心理因素做了调整，内在平衡了，身体的症状就会迅速减轻，以至痊愈。这就是我说的"病由心解"。医学和心理学可以相互补充。

进而我发现，各种受到意外伤害的身体部位也不是偶然的，也可以通过心身理论找到其隐秘的情结。后来我再把此理论做了延伸，如果一个物体某部分受到损坏，先用"取像比类"的思维对应人体部位，还是可以用这个理论去解读，比如汽车。所以说，心身疾病理论是我意外分析的一个重要基础。

我一直提倡心身疾病康复的一个观念：疾病不是我们的敌人，而是我们最亲密、最诚实的朋友，是潜意识对我们的一种善意的提醒。这句话也可以应用到意外分析上。只是因为我们内在失去了平衡，身体才出现症状和发生一些意外。它们是我们醒觉、认识自我、成长自我的一个机会。

本书是我多年探索、摸索的成果。所选用的案例，都是第一手资料和最真实的案例。熟悉我的朋友都知道，我经常发布征集各种意外事件的信息。所以很多朋友遇到什么事，或者他们身边有人遇到什么意外，都会主动联系我。这是我书中案例的重要来源，在此一并致谢。在保证整个事件真实的情况下，为了保护个人隐私，我把案例中的个人信息做了省略或者修改，甚至有的性别都做了改变。

在本书的写作过程中，得到了新老朋友的无私帮助。特别感谢那些一直支持、鼓励我前行的心理咨询师朋友：燕飞、肖雪萍、刘金鹏、赵永辉、吴海建、刘虹、张丹萍、张樱红、周璇、薛振霞、庄丽安、胡大卫、雪莉、李凯松、王春玲、郭玲、刘芯语、李宏夫、周红娟、周红艳、董冰、贾玉红、舒泉、刘春丽等，以及许多非咨询师朋友对我的支持：宋百双、方黎、张红静、白海霞、洪梅、符仕仁、谢一可、林颖、婧婧、王薇、慧缘、李纯、姜玉、王佳玉等，最后感谢所有为我提供案例的朋友！

我做心理咨询以来，一直以各种心身疾病和癌症患者的咨询为主，受到大家的信任和好评！我多次开办针对心身疾病和癌症患者的心理沙龙和工作坊，积极传播从心理角度来预防疾病、防癌、抗癌和心理康复的全新理念。

我的心理工作坊有:《身体密码工作坊》《妇科疾病工作坊》《癌症康复工作坊》。有兴趣的人也可以和我联系。

如果有朋友希望和我交流，可以给我发邮件，我的电子邮箱是：894736719@qq.com。或者加微信 liwenli2222，与我联系。

最后的祝愿是：让所有人都能直面内心的痛苦，化解心结，走出困扰，有一个喜乐、幸福的人生。

2020 年 7 月 21 日　李尚镗于北京

参考文献

1. 弗洛伊德（奥地利）著，《释梦》，北京：商务印书馆，2002年出版。

2. 弗洛伊德（奥地利）著，《日常生活心理病理学》，长春：长春出版社，2004年出版。

3. 弗洛伊德（奥地利）著，《精神分析引论·新论》，南昌：百花洲文艺出版社，1996年出版。

4. 朱建军著，《释梦·理论与实践》，北京：原子能出版社，2007年出版。

5. 朱建军著，《我是谁》，北京：中国城市出版社，2001年出版。

6. 米衫（比利时）著，《梦的真相》，北京：世界图书出版公司，2010年出版。

7. 托瓦尔特·德特雷福仁（德）著，《疾病的希望》，北京：当代中国出版社，2011年出版。

8. 弗洛姆（美）著，《被遗忘的语言》，北京：国际文化出版公司，2007年出版。

9. 荣格（瑞士）著，《潜意识与心灵成长》，北京：生活·读书·新知三联书店，2009年出版。

10. 荣格（瑞士）著，《回忆·梦·思考——荣格自传》，沈阳：辽宁人民出版社，1988年出版。

11. 荣格（瑞士）著，《原型与集体无意识》，北京：国际文化出版公司，2011年出版。

12. 厄萨诺等（美）著，《精神分析治疗指南》，北京：北京出版社，2000年出版。

13. 查尔斯·布伦纳（美）著，《精神分析入门》，北京：北京大学出版社，2000年出版。

14. C·S·霍尔（美）著，《弗洛伊德心理学入门》，北京：商务印书馆，1990 年出版。

15. 戴维·方坦纳（英）著，《象征世界的语言》，北京：中国青年出版社，2001 年出版。

16. 居阅时、瞿明安著，《中国象征文化》，上海：上海人民出版社，2001 年出版。

17. 王中平著，《心灵的潜能》，济南：山东人民出版社，2003 年出版。

18. 柯云路著，《破译疾病密码》，北京：中国友谊出版公司，2010 年出版。

19. 戴维·C·洛夫（美）著，《梦典》，北京：中央编译出版社，2002 年出版。

20. 王溢嘉著，《弗洛伊德的爱欲推理》，北京：国际文化出版公司，2007 年出版。

21. 南希·麦克威廉斯（美）著，《精神分析治疗》，北京：中国轻工业出版社，2016 年出版。

22. 李武石（韩）著，《寻找弗洛伊德》，北京：科学出版社，2014 年出版。

23. 武志红著，《身体知道答案》，厦门：鹭江出版社，2013 年出版。

24. 张同延、张涵诗著，《揭开你人格的秘密：房树人绘图心理测验》，北京：中国文联出版社，2007 年出版。

25. 李洪伟、吴迪著，《心理画绘画心理分析图典》，长沙：湖南人民出版社，2010 年出版。

26. 爱德华兹（南非）、雅各布斯（英）著，《意识与潜意识》，北京：北京大学医学出版社，2008 年出版。

27. 申荷永著，《心理分析：理解与体验》，北京：生活·读书·新知三联书店，2004 年出版。

28. 维蕾娜·卡斯特（瑞士）著，《梦，潜意识的神秘语言》，北京：国际文化出版公司，2008 年出版。